Ewald Hinterding

Die besten Rezepte
aus meiner Kochschule

Ewald Hinterding

Die besten Rezepte aus meiner Kochschule

Immer viel Spaß beim Kochen
und allzeit gutes Gelingen
Herzlichst
Ihr Ewald Hinterding
Juli 2008

Restaurant Hotel
Hinterding

Inhalt

Desserts

Grundrezepte

QUINTA DO PAÇO
PORTO

Dieses Kochbuch ist etwas ganz Besonderes. Es ist eine Art Schatztruhe und birgt die Geheimnisse eines Mannes, der in der Küche ein Meister seines Faches ist: Ewald Hinterding.
In mehr als 40 Jahren hat er die Rezepte, Tipps und Kniffe perfektioniert und gesammelt, die er jetzt in der Kochschule seines Restaurants ›Hinterding‹ in Lengerich in Westfalen interessierten Hobbyköchen nahe bringt.
Schritt für Schritt erläutert er ihnen zum Beispiel, was ein edles Fünf-Gänge-Menü an Vor- und Zubereitung verlangt. Vom erstklassigen Grundprodukt bis zum fertigen Gericht – alle Zubereitungsschritte werden vorgeführt und erklärt und die Mitarbeit der Eleven gefordert. Fische filetieren, Fleisch bratfertig machen, Fonds und Saucen kochen, Eis und Crèmes herstellen, alles wird gezeigt, nichts bleibt geheim, jede Frage wird beantwortet.
Auch in Sachen Wein hat sich Ewald Hinterding im Laufe seiner langen gastronomischen Tätigkeit ein breites Wissen erworben, das er gerne weitergibt. Daher schließt sich häufig dem Kochkurs eine kleine Verkostung im Weinkeller an. Gekonnt und amüsant verbindet der Hausherr professionelle Tipps mit kleinen Weingeschichten.

Schon als Kind zeigte Ewald Hinterding reges Interesse an gutem Essen. Mit Begeisterung half er seiner Mutter, einer ausgezeichneten Köchin, bei der Vorbereitung der Mahlzeiten für die Familie, beim Backen oder Einmachen. Erste speziellere Kenntnisse sammelte er in der Metzgerei seines Onkels (ohne damals zu ahnen, dass er einmal den Metzgerberuf erlernen würde) sowie bei seinen Verwandten mütterlicherseits, die an der Ahr als Winzer, Konditorei- und Weinstubenbesitzer etabliert waren und die er mit großer Freude in den Sommerferien besuchte.
In seiner Gymnasialzeit begeisterte sich Ewald Hinterding für Sprachen, Biologie und für das Trompetespielen. Aber die Liebe zum Kochen und zur Gastronomie war stärker, und so beschloss er nach Erreichen der mittleren Reife, Koch zu werden.
Um für seinen Traumberuf eine solide Grundlage zu schaffen, erlernte er zunächst in seiner Heimatstadt Emsdetten das Metzgerhandwerk. Anschließend absolvierte er eine Kochausbildung in Düsseldorf. Lehr- und Wanderjahre führten Ewald Hinterding in den folgenden Jahren u. a. nach Seefeld in Tirol, an den Bodensee, an die deutsche Nordseeküste und nach Köln, München, Iserlohn und Essen. Vom Jungkoch bis zum Küchenchef lernte er dabei die vielen Stationen und Tätigkeiten des Kochberufes in der Praxis kennen.

1969 heiratete er seine Frau Christel, mit der er eine Tochter hat.
Im April 1978 wagte Ewald Hinterding den Schritt in die Selbständigkeit, der allerdings ohne die Unterstützung seiner Frau nicht möglich gewesen wäre. In Münster-Hiltrup eröffneten sie im Hotel ›Hiltruper Hof‹ das Restaurant ›Pot-au-feu‹, eine Mischung aus Kneipe und Restaurant, das von Anfang an sehr guten Zuspruch fand. Der Name des Lokals signalisierte nicht zufällig die Nähe zur französischen Küche.

Fünf Jahre später erweckten sie im Nachbarort Amelsbüren das Restaurant ›Davert Jagdhaus‹ aus seinem Dornröschenschlaf und führten es zu neuen Ehren.
1985 wurde der Familie Hinterding und ihrem Team für ihre gastronomischen Leistungen eine besondere Auszeichnung zuteil: Das Restaurant erhielt einen Michelin-Stern, der bis heute jährlich bestätigt wurde. Damit zählt das Restaurant Ewald Hinterdings zu den besten Adressen in Deutschland.
Seit Oktober 1997 befindet sich das Restaurant ›Hinterding‹ an der Bahnhofstraße 72 in Lengerich. In einer restaurierten Jugendstilvilla aus dem Jahre 1904 wird das zelebriert, was Ewald Hinterding als Basis seiner Kochkunst bezeichnet: klassische französische Küche, modern interpretiert und von regionalen Einflüssen bereichert.
Kochen ist für ihn zuerst Handwerk, dann Kunst. Hinterdings Maxime lautet: »Das Produkt ist das Maß aller Dinge«. So spiegelt sich seine Philosophie vom Kochen in der täglichen Arbeit: beste Produkte fachgerecht zubereiten, sie optimieren, aber niemals Kreativität um jeden Preis. Und: ein Koch muss Genussmensch sein.

Der Sternekoch ruht sich auf seinen Lorbeeren nicht aus, im Gegenteil. Ein wichtiges Anliegen ist ihm die Ausbildung des Nachwuches. Regelmäßig - und das nun schon seit dreißig Jahren - gibt er sein Wissen an talentierte junge Menschen weiter und versucht, ihnen neben dem handwerklichen Können auch die Passion für den Beruf des Kochs zu vermitteln.
Neben Familie und Beruf spielt die Musik eine wichtige Rolle im Leben Ewald Hinterdings. Er hört gerne klassische Musik, ist aber auch ein großer Jazzfan und spielt mehrere Instrumente - Trompete, Saxophon und Querflöte. Bei seinen Kochkursen ist es schon Tradition geworden, dass die Kochschüler ein kleines musikalisches Schmankerl mit auf den Weg bekommen.
Exzellente gastronomische Arbeit ist seit vielen Jahren Anspruch und Markenzeichen von Ewald Hinterding. Dieser Aufgabe widmet er sich mit nicht nachlassender Begeisterung zusammen mit seiner Frau und seinem ganzen Team.

Ihnen beim Kochen viel Freude, gutes Gelingen - und *bon appétit !*

Hotel-Restaurant
Hinterding

Vorspeisen sind Andeutungen, Versprechen und Verlockungen, die uns Essenslust und Gaumenfreuden ankündigen. Ob Krabbensalat, Reibeküchlein oder Gurkenmousse – mit dem ersten Gang beginnt das Vergnügen. Und so muss er sein: appetitanregend, Neugierde erweckend und bereits die ersten kulinarischen Freuden bietend.

Vorspeisen

Lachstatar

Zubereitung

Pro Person ca. 60–80 g schieres Lachsfleisch. Dafür Frischlachs filetieren, von der Haut, allen Fettteilchen und der dunklen tranigen Schicht auf der Rückseite befreien, so dass nur das schiere Lachsfleisch übrig bleibt.
Die Lachsseite in ca. 10 x 10 cm große Stücke zerteilen und leicht anfrieren, damit die feinen Würfel exakter geschnitten werden können.
Die Lachsstücke zunächst in ca. 4 mm starke Scheiben schneiden, diese danach in 4 mm starke Streifen und schließlich in 4 mm starke Würfel zerteilen.
Mit Salz und Pfeffer würzen, gut durchmischen und ca. 2 Std. kühl stellen. Das Salz bewirkt, dass der rohe Fisch mürbe wird. Nach 1 Std. nachschmecken und evtl. etwas nachwürzen. Kurz vor dem Anrichten das Tatar mit einigen Tropfen Zitronensaft und einem Teelöffel Olivenöl vermengen.

Lachstatar-Sauce

für ca. 4–6 Personen

Zutaten

4 EL	Crème fraîche
4 EL	flüssige Sahne
2 EL	Yoghurt
	etwas Salz
1 Prise	Cayennepfeffer
2 EL	gutes mildes Olivenöl
1 EL	Sherryessig oder Zitronensaft
ca. 2–3 cl	Malteser
2 EL	Schnittlauchröllchen

Zubereitung

Zutaten vermischen, abschmecken, zuletzt Schnittlauch dazugeben. Die Sauce sollte pikant würzig, aber nicht scharf oder säuerlich schmecken.
Lachstatar in eine runde Form pressen, wie eine Minifrikadelle, mit der Sauce servieren, evtl. mit Lachskaviar garnieren. Als Beilage eignen sich kleine Pellkartoffeln oder Reibeküchlein.

Reibeküchlein

Zubereitung

Frisch geschälte Kartoffeln auf der Rohkostreibe reiben, teils grob, teils fein, mit Pfeffer und Salz würzen, evtl. etwas Mehl zugeben, damit die Masse nicht zu feucht ist. Je nach Kartoffelmenge ganze Eier zugeben, so dass die Masse formbar bleibt; alles gut vermengen und sofort in heißem Pflanzenöl schwimmend zu kleinen Küchlein ausbacken.
Auf Küchenkrepp kurz abtropfen, damit das Fett aufgesogen wird.

Auf dem Teller einen Salatkranz auslegen, die Mitte muss frei bleiben. Etwas Sauce in die Mitte geben, den Reibekuchen platzieren, darauf das Lachstatar setzen, evtl. mit Lachskaviar oder Schnittlauch dekorieren.

Reibekuchensandwich

Zubereitung

Auf den ersten Reibekuchen das Lachstatar platzieren, mit etwas Lachstatar-Sauce bestreichen, darauf den zweiten Reibekuchen legen.
Mit gebeizten oder geräucherten Lachsscheiben, die rosenartig geformt sind, belegen. Obenauf etwas Crème fraîche und evtl. Lachs-, Forellen- oder echten Kaviar geben.

Gebeizter Lachs
(kein Graved-Lachs)

für 1 Seite Frischlachs

Zutaten

50-60 g	gehackter Dill gehackte Petersilie
ca. 10	zerdrückte Pfefferkörner
ca. 5	zerdrückte Wacholderbeeren
ca. je 4 g	Koriander und Senfkörner
	etwas Abrieb von Zitrone
	etwas frischer Thymian und Rosmarin
30 g	Zucker
100 g	grobes Meersalz

Man kann die Zutaten dieses Rezeptes nach eigenem Gusto variieren, indem man verschiedene Kräuter oder andere Gewürze hinzufügt, wie Ingwer, Meerrettich usw.; lediglich die Salz- und Zuckermenge sollte nicht wesentlich verändert werden.

Zubereitung

Alle Kräuter miteinander vermischen, separat ebenso Salz und Zucker mischen. Eine Edelstahl-, Glas- oder Porzellanplatte mit der Hälfte der Salz-Zucker-Mischung bestreuen.
Die Hautseite des Lachses mit einem scharfen Messer ca. 3- bis 4-mal einritzen. Lachs mit der Hautseite auf die Platte legen. Auf der Fleischseite zuerst die Kräuter- und Gewürzmischung verteilen, darüber das restliche Salz-Zucker-Gemisch streuen.
Mit Klarsichtfolie umhüllen. Im Kühlschrank ca. 24–30 Std., je nach Dicke des Lachses, marinieren.
Dann Salz und Kräuter entfernen, den Lachs kurz abspülen und mit feinem Olivenöl einreiben.
Wie Räucherlachs aufschneiden und mit Blini, Reibeküchlein usw. und Crème fraîche servieren.
Mit dieser Zubereitung bleibt der Lachs sehr mild, dafür ist er maximal 2 Tage haltbar.

Lachscarpaccio mit gelber Paprikasauce

für 4 Personen

Zubereitung

Frischlachs in dünne Scheiben schneiden, auf Teller platzieren, mit etwas Salz bestreuen.
2 gelbe Paprikaschoten halbieren, entkernen und unter dem Backofengrill bräunen, häuten, in Würfel schneiden.
2 Zitronengrasstangen klein schneiden, in etwas Butter anschwitzen. Mit Fischfond bedecken, weich dünsten, mit Sahne auffüllen.
Mit dem Pürierstab mixen, mit etwas Zitronensaft, Cayennepfeffer, evtl. Salz würzen, passieren, mit etwas geschlagener Sahne montieren.
Heiß über die rohen Lachsscheiben geben. In der Mitte geschmorten Chicorée (siehe Seite 31) platzieren.

Matjestatar

Zubereitung

Pro Person 2 Matjesfilets in kleinste Würfel schneiden, mit Pfeffer würzen, kein Salz. Kleinste Apfelwürfel (evtl. auch Würfel von hart gekochtem Ei, kleinst gehackt) im Verhältnis 4 Teile Matjes, je 1 Teil Apfel und Ei untermischen, mit etwas frisch geschnittenem Schnittlauch verfeinern. Das Matjestatar leicht andrücken, damit eine Bindung entsteht. Mit etwas Crème fraîche und Pellkartoffeln oder Reibeküchlein servieren.
Matjestatar darf nicht eingefroren oder länger aufgehoben werden. Es sollte am Tag der Zubereitung verzehrt werden.

Crêpe-Roulade mit Lachs
(auf gut deutsch: Pfannkuchenröllchen)

für 4-6 Personen

Pfannkuchenteig

100 g	Mehl
½ l	Milch
1	Prise Salz
3	Eier
	Öl zum Ausbacken
	flüssige Butter

Mehl und Milch mit 1 Prise Salz glattrühren, ca. 20 Min. ruhen lassen, damit das Mehl ausquillt, dann die ganzen Eier darunterrühren, zum Schluss etwas lauwarme flüssige Butter zugeben.
In einer beschichteten Pfanne mit ca. 20-24 cm Durchmesser dünne Pfannkuchen backen. Als Vorspeise genügt einer pro Person, als Hauptspeise entsprechend mehr.

Füllung

Pro Person ca. 60-70 g fein geschnittener Rauch- oder gebeizter Lachs (ohne tranige Teile), ca. 200-250 g Crème fraîche oder Quark mit Salz, Pfeffer, Zitronensaft, etwas Meerrettich, einer Prise Zucker, evtl. mit etwas flüssiger Sahne zu einer glatten, streichfähigen und gut abgeschmeckten Crème verrühren.
Diese Crème kann mit gehackter Petersilie, Schnittlauch, Dill oder anderen Zutaten wie Kapern etc. verändert und nach Belieben verfeinert werden.

Zubereitung

Die Füllcrème wird auf die ausgekühlten Pfannkuchen gestrichen, danach die ganze Fläche mit dünnen Lachsscheiben belegt und fest aufgerollt.
Die Rollen etwas kühlen. Dann in schräge Scheiben schneiden und attraktiv auf Tellern mit etwas Salat und evtl. Forellen- oder Lachskaviar oder Wachteleiern anrichten, nach Belieben mit einer Sauce ergänzen aus Sahne, Pfeffer, Salz, Zitrone, Zucker, feinsten Gurkenstückchen und Tomatenwürfeln, Kräutern usw.

Die Röllchen sollten beim Servieren nicht zu kalt sein und am besten Zimmertemperatur haben.

Rosa Crevetten-Salat mit Basilikum

für 4 Personen

Zubereitung

Es werden ca. 400 g Crevetten (möglichst gefrostete Grönländer Luxus-Garnelen) benötigt.
Aus dem Saft von 1 Zitrone, Pfeffer, Salz, ca. 4 cl Olivenöl und 1 Prise Zucker ein Salatdressing rühren.
Frisches Basilikum in Streifen, Tomatenfleischwürfel, evtl. gekochte Spargelstücke und die Crevetten zugeben, alles gut durchziehen lassen, nach ca. 10 Min. nochmals nachschmecken.
Der Crevettensalat sollte eine frische, leicht nach Zitrone und Basilikum schmeckende Note haben. Auf Radicchioblatt mit etwas Rucola anrichten.
Man kann eine leichte Knoblauchmayonnaise oder Cocktailsauce dazu reichen.

Krabbensalat

Zutaten

ca. 200 g	frisches Nordseekrabbenfleisch, kalt abgespült und abgetropft
1-2	Eier, ca. 6-7 Min. gekocht, Eigelb entfernen, das Eiweiß fein gehackt
2-3 EL	Wasser oder Brühe
ca. 3 EL	Weißweinessig
	Salz, Pfeffer, Zucker
2 EL	Walnussöl
2 EL	Rapskernöl
50 g	fein gewürfelte Schalotten
	geputzer Feld- oder Friséesalat, Kirschtomaten
je 3 EL	Radieschen- und Gurkenstreifen

Zubereitung

Wasser oder Brühe, Weißweinessig, Pfeffer, Salz, Zucker gut verrühren, die Öle zugeben, gründlich verrühren, Schalotten zugeben.
Das gehackte Eiweiß und die Krabben unter die Vinaigrette heben und ca. 2 Std. mit Folie abgedeckt im Kühlschrank durchziehen lassen.
Den Feld- oder Friséesalat und die Kirschtomaten mit den Krabben auf Teller geben, das Joghurtmousse (siehe Seite 20) in die Mitte geben, alles mit den Radieschen- und Gurkenstreifen oder auch mit Kresse oder Sprossen leicht überstreuen.

Joghurt-Kräuter-Mousse

für ca. 4-6 Personen

Zutaten

3 Blatt	weiße Gelatine
20 g	Crème fraîche
150 g	Vollmilchjoghurt
	Salz, Pfeffer
1-2 EL	Zitronensaft
je 1 EL	fein geschnittene Kresse, Schnittlauch
je 1 EL	fein geschnittene glatte Petersilie, Kerbel, Borretsch, Sauerampfer, Basilikum
	weitere oder andere Kräuter nach Belieben
125 g	Schlagsahne

Zubereitung

Gelatine in kaltem Wasser einweichen, Crème fraîche leicht erwärmen, die eingeweichte Gelatine darin auflösen und mit dem Joghurt verrühren.
Mit Salz, Pfeffer und Zitronensaft würzen. Die zerkleinerten Kräuter unterheben. Masse kalt stellen, bis sie leicht geliert. Dann die geschlagene Sahne nach und nach mit einem Spatel unterheben.
Die fertige Masse sofort in Mokka- oder Espressotassen oder in Edelstahlringe oder -förmchen einfüllen und bis zum Erkalten ca. 4 Std. kühl stellen.

Mit frischen Salaten und Krabben oder gebratenen Gambas, mit gekochten Wachteleiern oder marinierten Lachsscheiben servieren.

Kartoffelmousse mit Pilzen

für ca. 10 Personen

Zutaten

Teil I

20 g	Schalotten- oder Zwiebelstreifen
50 g	weiße Lauchstreifen
50 g	Butter
300 g	geschälte, mehlig kochende Kartoffeln, in ca. 1 cm dicke Scheiben geschnitten
ca. ½ l	Hühner- oder Gemüsebrühe
ca. ¼ l	flüssige Sahne
	einige Tropfen Weißweinessig
	etwas Salz, Pfeffer, Muskat

Teil II

2 EL	Crème fraîche oder Naturjoghurt
ca. 200 g	in ca. 5 mm große Würfel geschnittene Champignons, Shitakepilze, Pfifferlinge, Steinpilze oder von allem etwas
50 g	Olivenöl
1	Knoblauchzehe
8 Blatt	bei ca. 600 g Kartoffelmasse kalt eingeweichte weiße Gelatine
300-320 g	bei ca. 600 g Kartoffelmasse geschlagene Sahne
	Schnittlauch, Petersilie

Zubereitung

I

Schalotten- oder Zwiebelstreifen und Lauchstreifen in der Butter ca. 5 Min. anschwitzen, ohne dass das Gemüse Farbe annimmt.
Die Kartoffelscheiben hinzugeben, mit Brühe und Sahne auffüllen.
Mit etwas Salz, Peffer und Muskat würzen.
Evtl. einige Pilzstiele dazugeben.
Alles zugedeckt ca. 35 Min. oder länger weich kochen lassen.
Die Pilzstiele entfernen, den Rest durch ein Sieb streichen (Flotte Lotte) oder mit dem Pürierstab pürieren und dann durchsieben.

II

2 EL Crème fraîche oder Naturjoghurt zugeben. Masse abwiegen und pro 250 g 3 Blatt vorher kalt eingeweichte Gelatine in die noch heiße Kartoffelmasse geben und unterrühren. Dann die mit der Knoblauchszehe in Olivenöl angebratenen Pilze (Knoblauch entfernen), feine Schnittlauchröllchen, gehackte Petersilie zugeben und die Masse im kalten Wasserbad bei stetem Umrühren abkühlen lassen, bis sie dicklich wird, dann sofort die geschlagene Sahne unterheben und in Formen füllen.

Als Formen eignen sich zum Beispiel Dachrinnenformen, die man mit blanchierten Lauchstreifen oder blanchierten Wirsing-, Spitzkohl- oder Mangoldblättern, nach Belieben auch mit Rauchlachsscheiben ausgelegt hat. Die Formen zuvor entweder mit Klarsichtfolie auslegen oder mit Olivenöl ausstreichen, damit man die Kartoffelterrine besser stürzen kann.
Die Terrine ca. 5 Std. kühlen, dann stürzen, in Scheiben schneiden und mit Räucherlachs, Forellenfilet oder kleinen Salaten oder mit süßsaurem Linsensalat anrichten.

Die Terrine darf nicht zu kalt serviert werden, deshalb nach dem Schneiden und vor dem Servieren mindestens 25 Min. im Raum temperieren.

Krebsschwänze mit Curry auf Mango-Melonen-Ananas-Salat

für 4-6 Personen

Zutaten

pro Person ca. 60-80 g	gekochte Krebsschwänze oder Grönlandgarnelen
1 St.	Pattayamango oder andere Flugware; keine unreifen, harten Mangos verwenden
½	Ananas, extra sweet
1	reife Cantaloupe- oder Charantaismelone
1	reife Avocado
1 EL	feinst gehackter frischer Ingwer
3 EL	Kokosmilch
4 EL	Crème fraîche
2 EL	flüssige Sahne
1 EL	geschlagene Sahne
	helle Sojasauce, Curry, Prise Zucker, einige Tropfen Sesamöl, etwas Zitronen- oder Limettensaft
	evtl. etwas Cayennepfeffer - Vorsicht, sehr scharf!
	Blattsalate, Sprossen

Zubereitung

Die Früchte in ca. 5 mm große Würfel schneiden, mit den Ingwerstückchen und einigen Tropfen Zitronensaft würzen und mischen. Aus den restlichen Zutaten eine Currycreme anrühren, die pikant, aber nicht zu scharf sein soll. Diese Creme zum Schluss mit 1 EL Schlagsahne auflockern.

Einen Ring mit ca. 5-7 cm Durchmesser zuerst mit ca. 2 cm Fruchtsalat füllen, die Krebsschwänze oder Garnelen obenaufsetzen. Mit der Currycreme überziehen. Rundherum nach Belieben Salate oder Sprossen geben. Alles mit geröstetem Sesam leicht überstreuen.

Gurkenmousse

für 4-6 Personen

Zutaten

4 Blatt	weiße Gelatine
150 g	Schlagsahne
300 g	Salatgurke
	Salz, frisch gemahlener weißer Pfeffer, etwas weißer Balsamicoessig oder Limettensaft
80 g	Yoghurt
1 EL	Noilly Prat
1 TL	Zucker
2 EL	glatte Petersilie
2 EL	Schnittlauch oder Sauerampfer
	nach Geschmack kann auch Dill Verwendung finden

Zubereitung

Gelatine in kaltem Wasser einweichen, Sahne steif schlagen, Gurke schälen, 50 % der Schale an der Gurke belassen, damit die Mousse farblich schöner aussieht und etwas kräftiger schmeckt. Gurke halbieren, entkernen und zerkleinern. Gurkenstücke mit den Gewürzen im Mixer pürieren. Yoghurt zugeben.
Die eingeweichte Gelatine in dem erwärmten Noilly Prat auflösen, unter die Gurkenmasse rühren. Erkalten lassen.
Wenn die Masse stockt, die geschlagene Sahne unterheben.
In Schalen oder Gläser füllen. Gut durchkühlen lassen.
Diese Mousse kann man nicht stürzen.

Mit Lachskaviar, Nordseekrabben, Grönlandkrevetten oder feinem Lachstatar und einem Klecks Crème fraîche servieren.

Carpaccio von Sushi-Thunfisch mit Wasabivinaigrette

für 4-6 Personen

Zubereitung

Ein Stück vom Sushi-Thunfisch, ca. 500-600 g, in etwa 2 mm dicke Tranchen schneiden, zwischen Klarsichtfolie mit einem flachen Messer, einem glatten Topfboden o. ä. behutsam ganz flach klopfen.
Teller mit etwas Olivenöl einstreichen. Die hauchdünnen Thunfischscheiben darauf legen, mit etwas Salz bestreuen, damit der Fisch mürbe wird.

Aus Sojasauce (Vorsicht, salzig), 1 Prise Zucker, etwas Zitronensaft, Wasabipaste oder angerührtem Wasabi (japanischer Meerrettich, sehr scharf), etwas gutem Olivenöl und Rapskernöl eine Vinaigrette anrühren und mit einem Pinsel auf die Thunfischscheiben streichen.
Leicht anziehen lassen, evtl. mit Rucola und Radieschensprossen garnieren.

Sülze vom Kalbstafelspitz

Zutaten

1 St. ca. 600-800 g	Kalbstafelspitz
ca. 10 cl	Weißweinessig
⅛ l	Weißwein
ca. 15	Pfefferkörner
½ TL	Senfkörner
1	Lorbeerblatt
2-3	Pimentkörner
5	Wacholderbeeren
1 EL	Zucker
1	Gemüsebündel aus 1 Möhre, ½ Stange Porree, 1 Stück Sellerieknolle
	etwas krause Petersilie
	Salz - evtl. Pökelsalz, damit das Fleisch schön rötet

Zubereitung

Am Tag vorher: Den Kalbstafelspitz abspülen und entsehnen. Ca. 2 l Wasser mit den angegebenen Zutaten aufsetzen und zum Kochen bringen.
Das Fleisch und die Sehnen in den Sud geben, noch einmal aufwallen lassen und dann vorsichtig bei ca. 75-80° C. ca. 2-3 Std. garen.
Wenn man mit einer Nadel in das Fleisch sticht, sollte kein großer Widerstand mehr vorhanden sein.
Das Fleisch aus dem Sud nehmen, mit einem feuchten Tuch bedecken. Den Sud nachschmecken, durchsieben und das Fleisch ca. 24 Std. darin ruhen lassen.
Das erkaltete Fleisch aus dem Sud, der leicht geliert sein kann, nehmen, mit warmem Wasser kurz abspülen und in ca. 2 mm starke Scheiben schneiden, dann in Würfel von ca. 2 mm Kantenlänge teilen.
Den passierten Sud erwärmen, evtl. nochmals mit Salz, Zucker, Essig und Pfeffer abschmecken.
Der Sud sollte gut gewürzt sein, da er in kaltem Zustand als Gelee schwächer schmeckt.
Für 1 Liter Sud benötigt man 12 Blatt weiße Gelatine, die zunächst in kaltem Wasser eingeweicht und dann in dem warmen oder heißen Sud aufgelöst wird. Den Sud danach nicht mehr kochen lassen.
Die Fleischwürfel nach Wunsch mit einigen Kapern, kleinsten blanchierten Möhren-, Lauch-, und Selleriewürfelchen vermengen, evtl. etwas gehackte Petersilie zugeben. Keinen Schnittlauch, da der leicht einen zwiebeligen Geschmack verbreitet und säuert.
Die Fleischwürfel und die übrigen Zutaten in Tassen oder andere Formen geben, locker einfüllen und mit dem flüssigen Gelee auffüllen und knapp bedecken.
Gut durchkühlen und dann stürzen.
Nicht kühlschrankkalt servieren.

Dazu passen frische Salate, Bratkartoffeln, Baguette, Remouladensauce oder Kürbiskernöl.

Feine Spargelsülze

für 4-6 Personen

Zutaten

pro Person

2 Stangen	weißer und grüner Spargel
2	feste Eiertomaten
	etwas Zitrone, Zucker, Salz
6 Blatt	weiße Gelatine
	Kräutr nach Belieben: Petersilie, Basilikum, Kerbel, Koriander, Schnittlauch

Zubereitung

Den Spargel sorgfältig schälen. Unten ca. 3 cm abbrechen. Die gewaschenen Spargelschalen mit etwas Zucker, Zitronensaft und Salz auskochen - wenn man eine exotische Note hineingeben möchte, kann man einige Ingwerscheiben, Zitronengrasstücke, evtl. Korianderblätter hinzufügen.
Keine Butter in den Sud geben.
Die geschälten Spargelstangen längs halbieren oder vierteln, je nach Dicke, dann in erdnusskerngroße Stücke schneiden und in dem vorbereiteten Sud ziemlich bissfest blanchieren, evtl. den Sud etwas nachwürzen.
Die Spargelstücke nach Möglichkeit in Eiswasser kurz abschrecken und sofort abgießen.
Den Sud durchsieben, auf ½ l Sud benötigt man 6 kalt eingeweichte Gelatineblätter, die im warmen Sud aufgelöst werden. Den Sud noch einmal nachschmecken; er darf ruhig kräftig sein, da er nach dem Abkühlen sonst zu neutral schmeckt.
Die Spargelstücke nach Belieben mit Tomatenstückchen, Kräutern, evtl. auch mit Krabbenfleisch oder Rauchlachsstückchen vermengen, in Gefäße wie Kaffeetassen, kleine Becher o. ä. geben, mit dem flüssigen Gelee auffüllen und ca. 3 Std. im Kühlschrank fest werden lassen.

Dazu servieren:
Radieschen-Gurken-Vinaigrette (siehe Seite 108).

Pfifferlingssülze

für ca. 6 Personen

Zutaten

500 g	frische Pfifferlinge
¾ l	Brühe
	Zucker, Essig, Pfeffer, Salz
12-14 Blatt	weiße Gelatine
	nach Belieben blanchierte Gemüsewürfel, Tomatenwürfel, Schnittlauch

Zubereitung

Pfifferlinge waschen, putzen, trocken schleudern und in heißem Olivenöl kurz anbraten, auf ein Sieb geben, pfeffern und salzen. Abkühlen lassen.
Ca. ¾ l Rindfleisch-, Hühner- oder Gemüsebrühe mit Zucker, Essig, Pfeffer, Salz abschmecken, der Sud darf dezent überwürzt schmecken, da er in Verbindung mit den Pfifferlingen etwas abflacht.
Auf 1 l Sud ca. 12-14 Blatt weiße Gelatine, kalt eingeweicht, in der erwärmten Flüssigkeit auflösen und nochmals durch ein feines Sieb geben.
Evtl. einige feinste blanchierte Gemüsewürfel, Schnittlauchröllchen oder Tomatenfleischwürfel hinzugeben, damit die Sülze etwas farbenfroher erscheint.

Die Pfifferlinge mit den Gemüsen und Kräutern jetzt in die gewünschten Förmchen geben, mit flüssigem Gelee bedecken und im Kühlschrank je nach Größe ca. 3-4 Std. erstarren lassen.

Zwiebel-Apfel-Kuchen

für eine Form von 24 cm Durchmesser

Zutaten - Teig

200 g	Mehl
1	Ei
1 Prise	Salz
120 g	weiche Butterflocken, etwas Butter zum Ausstreichen der Form

Zubereitung

Mehl in eine Schüssel sieben, eine Mulde in die Mitte drücken. Ei und Salz in die Mulde geben.
Die Butterflocken über den Mehlrand verteilen. Schnell zu einem glatten Teig verarbeiten, evtl. etwas kaltes Wasser zugeben.
In Klarsichtfolie einschlagen. Ca. 1 Std. kühl ruhen lassen. Dann 2-3 mm stark ausrollen. Die gebutterte Form mit der Teigplatte auslegen, Boden mit der Gabel mehrfach einstechen. Im vorgeheizten Backofen bei 220 °C 10 Min. vorbacken.

Zutaten - Füllung

400 g	geschälte, in feine Streifen geschnittene Zwiebeln
3 EL	Butter
200 g	in feine Streifen geschnittene Äpfel
4-5	Eier
0,4 l	Sahne
	Salz, frisch gemahlener Pfeffer, frisch geriebener Muskat
30 g	Butterflocken zum Bestreuen

Zubereitung

Zwiebeln in Butter glasig dünsten. Apfelstreifen unterheben. Auf dem vorgebackenen Teig verteilen. Eier und Sahne verquirlen. Gut mit Salz, Pfeffer und Muskat abschmecken.
Den Eierguss über die Zwiebel-Apfel-Streifen gießen, alles im vorgeheizten Backofen bei 200 °C ca. 40-45 Min. backen, bis der Eier-Sahneguss gestockt und goldgelb gebacken ist. Butterflocken auf dem Kuchen verteilen, warm servieren.

Italienischer Brotsalat

für 4-6 Personen

Zutaten

4-6 Scheiben ca. 150 g	Ciabattabrot, in ca. 1 cm große Würfel geschnitten
1	Knoblauchzehe
8 EL	Olivenöl
ca. ⅛ l	Schältomaten, zerkleinert
4-5 EL	etwas Brühe oder klarer Fond
4 EL	gekochte Berglinsen oder andere Linsen
evtl. 4 EL	gekochte weiße oder andere Bohnen
ca. 50 g	Fleischtomatenwürfel
ca. 100 g	blanchierter Blattspinat
ca. 100 g	klein gewürfelter Mozzarella
	Balsamicoessig, Pfeffer, Salz, 1 Prise Zucker

Zubereitung

Brotwürfel in ca. 4 EL Olivenöl rösten, Knoblauchzehe in ca. 4 EL Olivenöl anschwitzen, zerkleinerten Blattspinat, die Linsen, die Bohnen, die Fleischtomatenwürfel zugeben, die Schältomaten und die Brühe beifügen. Alles mit Pfeffer, Salz, 1 kleinen Prise Zucker und dem Balsamico würzen. Der Salat sollte noch eine gewisse Flüssigkeit haben. Zum Schluss den Mozzarella und die Brotwürfel unterschwenken, evtl. noch 1-2 EL Olivenöl zugeben und alles nochmals abschmecken.

Mit gebratenen Gambas, Wachtelbrüstchen, Kaninchen etc. servieren.

Warmer Salat von Pfifferlingen mit gebratenen Wachtelbrüstchen und Kürbiskernöl

für 4–6 Personen

Zutaten und Zubereitung

Pro Person werden je 2–3 Wachtelbrüstchen und ca. 80 g frische Pfifferlinge benötigt, Blattsalate nach Belieben (wie Kopfsalat, Lollo Rosso, gelber Frisée, Eichblatt, Chicorée).
Den Salat putzen, waschen, trocknen und etwas zerpflücken.
Die Pfifferlinge mit kaltem Wasser schnell abbrausen und trockenschleudern oder auf einem Küchentuch ausbreiten und vorsichtig trockenrubbeln.
Die Stielenden putzen oder abschneiden.
Die trockenen Pfifferlinge in etwas heißem Olivenöl zusammen mit 1 Knoblauchzehe kurz anbraten und auf einen Durchschlag geben und den beim Braten entstandenen Sud auffangen. Die Knoblauchzehe entfernen. Die Pilze jetzt leicht pfeffern und salzen.
Den Sud erwärmen, mit etwas Pfeffer, evtl. Salz, 1 Messerspitze Dijonsenf, etwas Honig und Balsamicoessig, Walnuss- und Olivenöl zu einem Dressing verrühren.
Es sollte einen angenehmen süß sauren Geschmack haben und kann kräftig gewürzt sein, da die Pfifferlinge noch einen Teil des Geschmackes aufnehmen.
Man kann die gebratenen Pfifferlinge mit feinen blanchierten Lauchstreifen, Tomatenfleischwürfeln, gehackter Petersilie, Schnittlauch, Basilikumstreifen anreichern.
Man gibt alles (Pilze, Kräuter usw.) in die gut warme Marinade, schwenkt die Zutaten durch und schmeckt noch einmal ab.
Evtl. nachwürzen.
Der Pilzsalat soll pikant, aber nicht zu scharf oder zu sauer schmecken.

Die Wachtelbrüstchen mit Salz und Pfeffer würzen, leicht in Mehl wenden und in heißem Butterschmalz zuerst auf der Hautseite ca. 20 Sekunden, danach auf der anderen Seite ebenso lange, aber nicht mehr so heiß, weiterbraten. Aus der Pfanne nehmen und im ca. 90 °C heißen Ofen warm stellen. Die Brüstchen sollen innen noch leicht rosa sein.

Mit den Blattsalaten einen bunten Kranz auf dem Teller bilden, mit einem Salatdressing nach Wahl beträufeln, die lauwarmen marinierten Pfifferlinge in den Salatkranz geben.
Die gebratenen Wachtelbrüstchen auf den Pfifferlingen anrichten; die warme Pfifferlingsmarinade nochmals nachschmecken und mit etwas steirischem Kürbiskernöl verquirlen.
Dieses Dressing nun über die Wachteln und den Pfifferlingsalat geben. Evtl. frische Kräuter über den gesamten Salat streuen.

Anstelle von Wachtelbrüstchen können auch Poulardenbrustschnitzel, Kalbsfilets, kleine Rehschnitzel usw. verwendet werden.

Warmer Salat von Rosenkohlblättern mit Entenbruststreifen und Preiselbeervinaigrette

für 4–6 Personen

Zutaten

400 g	frischer Rosenkohl, möglichst große Köpfchen
⅛ l	Hühnerbrühe oder andere Brühe
2 EL	feiner Rotweinessig oder weißer Balsamicoessig
1 Prise	Zucker, Salz, Pfeffer
2 EL	Rapskern- oder Traubenkernöl
1 EL	geröstete Pinienkerne oder Mandelstifte
2 St.	ausgelöste Entenbrust

Zubereitung

Den Stielansatz vom Rosenkohl großzügig abschneiden und die großen Blätter abtrennen. Die groben äußeren Blätter nicht verwenden. Die Rosenkohlblätter in stark wallendem Salzwasser kurz blanchieren und in eiskaltem Wasser abschrecken. Abtropfen lassen.

Aus der warmen Brühe mit den Gewürzen und dem Essig eine kräftige, schmackhafte Salatsauce zubereiten, zum Schluss das Öl zugeben; dann die Rosenkohlblätter und die Pinienkerne unterschwenken, nochmals nachschmecken. Rosenkohl aus der Marinade nehmen, anrichten.
Evtl. kann die verbliebene Salatsauce mit etwas Kürbiskernöl und Balsamico nachgeschmeckt und um den angerichteten Rosenkohlsalat gegeben werden.

Die Haut der Entenbrust mit einem scharfen Messer etwas einritzen, mit Pfeffer und Salz würzen. Die Brust leicht in Mehl wenden und auf der Hautseite anbraten, wenden, im warmen Backofen bei ca. 100 °C ca. 10 Min. garen. Das Fleisch soll noch rosé sein.
Fleisch aus dem Ofen nehmen, an warmer Stelle ruhen lassen.
Von der gebratenen Entenbrust die Haut abziehen, das Fleisch in Scheiben schneiden und mit dem Rosenkohlsalat anrichten. Dazu Preiselbeervinaigrette servieren (siehe Seite 108).

Zum Rosenkohlsalat passen auch Streifen von gebratenem Wildfleisch, Tauben- oder Wachtelbrüstchen oder Jakobsmuscheln sehr gut.

Gambas auf Gurken-Melonen-Salat mit Curry- und Ingwer-Dressing

Zutaten und Zubereitung

Pro Person 2–3 Gambas – möglichst Seawater-Ware – schälen und vom Darm befreien, mit etwas Pfeffer und Salz würzen, in Mehl wenden, braten.

Curry-Ingwer-Dressing

Zutaten

ca. 50 g	frische Ingwerscheiben
3 Stangen	Zitronengras, grob zerkleinert
½ TL	Currypulver
¼ TL	Kurkuma
2–3 EL	helle Sojasauce
½ l	Geflügelbrühe
	Zucker, Zitronensaft, Öl

Gurken-Melonen-Salat

Zubereitung

Von geschälter Schlangengurke die Kerne ausschaben, dann die Gurke in ca. 3 mm starke halbe Ringe oder Würfel schneiden, ebenso starke Stücke von möglichst Cantaloupe oder Galiamelonen schneiden. Die Gurkenstreifen leicht salzen und pfeffern, mit etwas Zitrone und Zucker abschmecken und ca. 20 Min. ziehen lassen.
Die Melonenstreifen mit etwas Zitronensaft und nach Geschmack mit einigen kleinst gehackten Ingwerstückchen marinieren.

Zubereitung

Ingwer, Zitronengras, Curry, Kurkuma und Sojasauce mit Geflügelbrühe oder anderer Brühe auffüllen (notfalls auch mit Wasser), alles aufkochen und ca. 30 Min. ziehen lassen, kein Salz zugeben, durchsieben. Mit etwas Zucker, Zitronensaft, Sojasauce, evtl. Cayennepfeffer abschmecken und mit ca. $\frac{1}{8}$ l gutem Öl nach Belieben, am besten mit einer Mischung aus Oliven- und Rapskernöl zu gleichen Teilen und 1 TL Sesamöl oder anderen guten Pflanzenölen, die nicht zu dominant sein sollten, aufmixen, bis eine cremige Sauce entsteht, nochmals nachschmecken.

Ohne Öl kann der Currysud problemlos eingefroren werden, da es sich ja nur um eine Flüssigkeit handelt.

Gurken-Melonen-Salat anrichten, evtl. mit etwas Sweet-Chilisauce beträufeln, gebratene Gambas obenauf platzieren, mit dem Ingwer-Curry-Dressing benetzen, evtl. gerösteten Sesam auf die Gambas geben.

Gambas auf gelbem Erbsenpüree mit Tomatencreme

Zubereitung

300 g gelbe Schälerbsen in Wasser 24 Std. einweichen und im Einweichwasser mit etwas Porree, Sellerie und Möhre weich kochen, durch ein Sieb streichen, mit Salz, Pfeffer, evtl. Trüffelöl abschmecken.
Pro Person 2 Gambas, möglichst Seawater-Ware, entweder mit oder ohne Schale in Olivenöl mit einer Knoblauchzehe braten.

Auf dem Erbsenpüree anrichten und mit Tomatencrème servieren.

Tomatencrème

Zubereitung

$\frac{1}{2}$ l Fischfond auf $\frac{1}{4}$ l einkochen, mit ca. 100 g Tomaten und $\frac{1}{8}$ l Sahne verrühren, mit etwas Zucker, Pfeffer, Salz und einigen Spritzern Zitronensaft abschmecken

Erbsenpüree als kleinen Sockel anrichten, gebratene Garnelen obenauf setzen, mit der Tomatensauce umgießen.

Lauwarmer Spargelsalat mit gerösteten Pinienkernen und gebratenen Seawater-Gambas

für 4–6 Personen

Zutaten und Zubereitung

Pro Person werden je 3 grüne und 3 weiße Stangen Spargel benötigt, sorgfältig geschält, außerdem 3–4 Seawater-Gambas, je nach Größe, ohne Kopf, in der Schale. Blattsalate nach Belieben (wie Kopfsalat, Lollo Rosso, gelber Frisée, Eichblatt, Chicorée).
Salat putzen, waschen, trocknen und etwas zerpflücken.
Den geschälten Spargel in schräge, ca. 3 cm lange Stücke schneiden.
Die Spargelstücke in einem Sud, der aus den Spargelschalen – mit 1 Prise Zucker, Salz und etwas Zitronensaft – gewonnen wurde, leicht knackig garen.
Das dauert bei frischem Spargel ca. 6–8 Min. Gegarte Spargelstücke aus dem Sud nehmen.

Den auf diese Weise erhaltenen Spargelsud mit ca. 1/4 l sehr gutem Oliven- und Rapskernöl verrühren oder aufmixen, so dass eine leicht cremige Mischung entsteht. Die blanchierten Spargelstücke in diese noch warme Vinaigrette legen und ca. 15 Min. lauwarm durchziehen lassen. Mit Kräutern nach Belieben verfeinern.
Die Gambas von Schale und Darm befreien, würzen, in Mehl wenden, in Olivenöl braten. Die gebratenen Gambas aus der Pfanne nehmen, das Bratöl mit 1 Stich Butter versetzen, 1 guten EL Pinienkerne in das Fett geben, leicht anrösten, 1 TL Kapern und 1 EL Tomantenfleischwürfel dazugeben, alles noch einmal sorgfältig mit etwas Zitronensaft, Pfeffer, gehackter Petersilie, evtl. Basilikum und 1 Prise Salz und Zucker nachschmecken.

Anstelle der Pinienbutter passt auch ein frisches Pesto gut zum Fisch.
Zum Anrichten auf einem entsprechenden Teller einen bunten Kranz aus den Salaten legen, mit einer Salatsauce nach Belieben beträufeln. Man kann noch feine Radieschen- oder Gurkenstreifen oder diverse Sprossen darüberstreuen, um den Salat besonders attraktiv zu machen.
Den Spargelsalat aus der Marinade nehmen, etwas abtropfen lassen, in die Mitte des Salatkranzes legen; die Spargelmarinade evtl. noch einmal nachschmecken und über den Spargel geben.
Die gebratenen Gambas obenauf setzen und mit der heißen Pinienbutter oder dem Pesto vollenden.

Anstelle der Gambas eignen sich ebenso gut Schollenfilets, Rotbarbenfilets, Knurrhahn usw.
Man kann den Spargelsalat auch mit gebackenen Kalbsschnitzeln, Geflügelmedaillons, leicht angebratenem Kochschinken usw. servieren.

Es ist ein herrlich leichtes Frühlingsessen, zusammen mit einem frischen Weißwein eine vorzügliche Kombination.

Jakobsmuscheln in Orangensauce mit geschmortem Chicorée

für 4 Personen

Zutaten

200 g	Jakobsmuschelkerne, geputzt
4	Tomaten
2	Orangen, filetiert, Saft auffangen
¼ l	Fischfond
⅛ l	Crème double oder Sahne
	Salz, Cayennepfeffer, Zitronensaft, Zucker
1 EL	Schlagsahne
	diverse Salate, z. B. Feldsalat, Eichblatt, Frisée, Chicorée
	Salatdressing nach Wahl

Zubereitung

Orangensaft und Fischfond auf 50 % einkochen. Crème double zugeben, mit Salz und Cayennepfeffer abschmecken, evtl. etwas Zitronensaft und 1 Prise Zucker hinzufügen.
Jakobsmuschelkerne würzen, leicht mehlieren und in heißem Fett kurz anbraten, evtl. Pfanne mit einem Tropfen Balsamico ablöschen, Muscheln dabei schwenken, so dass sie eine schöne Farbe bekommen. Dieser Vorgang muss sehr rasch gehen, damit die Muscheln nicht verbrennen oder zu durchgebraten sind.
Sauce nochmals aufkochen, Streifen von Tomatenfleisch und Orangenfilets in die Sauce geben.
Zum Schluss Sauce mit 1 EL Schlagsahne montieren.

Jacobsmuscheln in die Tellermitte geben. Mit der Orangensauce leicht überziehen. Salat mit Salatdressing nach Belieben marinieren, nicht zu scharf und zu sauer, eher etwas süßlich.

Geschmorter Chicorée

Pro Person ½ Chicoréestaude

Chicorée halbieren, den Strunk entfernen. Blätter in ca. 4 cm breite Streifen schneiden, waschen, gut abtrocknen lassen.
2 EL Zucker karamellisieren lassen, mit etwas Zitronensaft ablöschen, 1 Stück Butter zugeben, evtl. auch etwas Wasser, damit sich der Karamell löst.
Die Chicoréestreifen in den Karamell geben, mit etwas Zitronensaft, Salz, Pfeffer, evtl. auch Ingwer würzen, gut durchschwenken, damit der Chicorée glasiert und geschmort wird.
Der Chicorée sollte gegart, aber nicht zu weich werden.

Den geschmorten Chicorée zu den Jakobsmuscheln servieren. Er begleitet aber auch sehr gut Ziegenkäse und sollte immer warm serviert werden.

Salat von Loup de mer in Zitronengras-Ingwer-Vinaigrette

für 4 Personen

Zutaten

4 St. à 70 g	Filets vom Loup de mer, mit geschuppter Haut
¼ l	Fischfond oder Brühe
3 Stangen	Zitronengras, klein geschnitten
ca. 50 g	frische Ingwerwurzel, in Scheiben geschnitten
ca. 5 EL	Sojasauce
ca. 6-7 EL	Öl
	Zucker, Cayennepfeffer, Zitronensaft
ca. 250 g	streichholzgroße Streifen von Lauch, Sellerie, Staudensellerie, Möhren, Zucchini, Kohlrabi
	evtl. frische Korianderblätter, Sesam
	diverse Salate, z. B. Feldsalat, Eichblatt, Frisée, Chicorée
	Salatdressing nach Wahl

Zubereitung

Gemüse blanchieren, in Eiswasser abschrecken. Zitronengras- und Ingwerstücke in etwas Olivenöl anschwitzen, mit ⅛ l Brühe und 1 Prise Zucker auffüllen und ca. 20 Min. zugedeckt ausköcheln lassen. Aus ca. ⅛ l Brühe mit Sojasauce, 1 Prise Zucker, etwas Cayennepfeffer (Vorsicht), ca. 3 EL Distel-, Oliven- oder Rapskernöl und weiteren Würztutaten nach Belieben, z. B. süßsaurer Chilisauce, ein lauwarmes Dressing anrühren, darin die Gemüsestreifen schwenken, nochmals nachschmecken. Loup de mer dämpfen oder dünsten, er kann auch gebraten werden, dann auf gedünsteten Gemüsestreifen platzieren.

Den Zitronengras-Ingwer-Sud durch ein Sieb geben, mit etwas Zitronensaft, Sojasauce, Zucker und evtl. Salz abschmecken, nach Belieben einen Hauch Curry und Kurkuma zugeben. Mit ca. 3-4 EL gutem Öl wie oben aufmixen. Sauce über den Loup de mer geben, nach Wunsch mit frischen Korianderblättern oder etwas gerösteten Sesamkörnern bestreuen.
Salate mit Dressing nach Belieben marinieren, nicht zu scharf und zu sauer. Einen Kranz mit den Blattsalaten bilden, mittig die Gemüsestreifen mit dem Fisch anrichten.

Man kann an Stelle von Loup de mer auch jeden anderen Fisch verwenden, ebenso gebratene Gambas etc.

Muscheln auf rheinische Art

für 4 Personen

Zutaten

2 kg	geputzte und gewaschene Miesmuscheln
1 Stange	Lauch
2	mittlere Möhren
2–3	Schalotten
1	Knoblauchzehe nach Geschmack
ca. 150 g	Selleriestreifen oder Stauden-sellerie – vorher abfädeln
1	Lorbeerblatt
200 g	Butter
	Salz, gemahlener Pfeffer aus der Mühle
½ l	trockener Weißwein
½ l	Brühe
	gehackte Petersilie oder Schnittlauch

Zubereitung

Muscheln sorgfältig prüfen. Beschädigte oder geöffnete Muscheln, die sich nicht wieder schließen, nicht verwenden. Gründlich mit kaltem Wasser abspülen.
Alle Gemüse in ca. streichholzgroße Streifen schneiden, in ca. 100 g Butter anschwitzen, die Muscheln darauf geben, Lorbeerblatt zufügen, mit etwas Salz und gemahlenem Pfeffer würzen.
Weißwein und Brühe dazugeben, mit dem Spatel gut umrühren und bei starker Hitze mit Deckel flott kochen, zwischendurch immer wieder umspateln.
Wenn alle Muscheln geöffnet sind, die Muscheln mit Schale auf tiefe Teller verteilen.

Vorsicht! Am Topfboden kann sich evtl. etwas Sand ansammeln, deshalb nach dem Kochen und Entnehmen der Muscheln den Topf evtl. einige Minuten schräg stellen, damit sich das Depot sammeln kann, dann den Sud abschöpfen.
Den Sud nochmals nachschmecken und mit der restlichen Butter verrühren.
Gehackte Petersilie oder Schnittlauch zufügen und den Sud über die Muscheln geben.

Rheinisches Muscheltöpfchen

Variation **I**

Zubereitung

Die Muscheln wie links angegeben zubereiten, dann aber die Schalen entfernen und nur das Muschelfleisch mit dem Gemüse und dem Sud servieren. Mit gebuttertem Schwarzbrot reichen.

Italienisches Muschelragout

Variation **II**

Zubereitung

Die Muscheln zubereiten, aber mit mehr Knoblauch und Thymian, evtl. Rosmarin und Tomaten. Die Schalen entfernen. Den Sud mit Tomatensugo, Olivenstücken, Zucchiniwürfeln anreichern, evtl. mit einigen Kapern, das Muschelfleisch hineingeben, nochmals pikant abschmecken.

Provenzalisches Muschelragout

Variation **III**

Zubereitung

Die Muscheln zubereiten, das Muschelfleisch aus den Schalen nehmen.
Fenchelstreifen und Zucchiniwürfel in Olivenöl mit etwas Knoblauch anschwitzen, einige Safranfäden oder gemahlenen Safran zugeben, mit etwas trockenem Weißwein ablöschen.
Die entsandete Muschelbrühe dazugeben.
Mit etwas Zitronensaft und wenig Pernod abschmecken.
Nach Belieben mit etwas Sahne oder Olivenöl verfeinern, das Muschelfleisch, evtl. zusätzlich Kräuter wie Basilikum, Petersilie und Tomatenfleischwürfel dazugeben, nochmals nachschmecken.

Gebackenes Zanderfilet auf warmem Kartoffel-Gurken-Salat mit Kürbiskernöl-Vinaigrette

für 4–6 Personen

Zubereitung

½ feste Salatgurke, halbiert, entkernt, in nicht zu dünne Scheiben geschnitten, vorher leicht gesalzen und gepfeffert.
500 g kleine Pellkartoffeln nicht zu weich kochen, gepellt in dünne Scheiben schneiden.
Ca. ¼ l Rinderbrühe mit 1 Prise Zucker, etwas Pfeffer, Salz und Weinessig aufkochen, etwas Dijonsenf zufügen, die Kartoffelscheiben hineingeben und unter stetem Schwenken Bindung verleihen, bis die Brühe absorbiert ist.
Die Gurkenscheiben zugeben, nochmals abschmecken, der Salat darf nicht zu säuerlich werden. Mit Schnittlauch, evtl. auch einigen Tomatenwürfeln oder anderen Kräutern verfeinern, mit einem guten Schuss hochwertigem Pflanzenöl und Kürbiskernöl vollenden.
Der Kartoffelsalat darf nicht zu weich sein und sollte eine gewisse Bindung haben.
Fischfilet mit etwas Zitrone und Salz würzen, in Mehl und Ei wenden, in frischen Semmelbröseln panieren und in der Pfanne ausbacken. Das Filet kann auch naturell gebraten werden.

Kartoffelsalat auf tiefem Teller anrichten, gebackenes Fischfilet obenauf setzen, mit Kürbiskernöl-Vinaigrette (Rezept siehe Seite 108) servieren.

Salat von Rochenflügel in Olivenvinaigrette auf warmem Lauchsalat

für 4 Personen

Zutaten

4 St. à 70 g	Rochenflügel oder anderer Fisch
ca. 250 g	Lauchstreifen
ca. ¼ l	Fischfond oder Brühe
4	Tomaten
	etwas Basilikum
	Zitrone, Balsamico, Zucker, Olivenöl, Olivenpaste, ganze Oliven
	diverse Salate, z. B. Rucola, Feldsalat, Eichblatt, Frisée, Chicorée
	Salz, Pfeffer, Mehl

Zubereitung

Lauchstreifen blanchieren, in Eiswasser abschrecken. Aus ⅛ l Brühe mit etwas Salz, Pfeffer, 1 Prise Zucker, etwas Balsamico, Olivenöl und weiteren Zutaten nach eigenem Geschmack eine Marinade für die Lauchstreifen herstellen.
Rochenflügel mit Salz und Pfeffer würzen, in Mehl wenden und in Rapskern-Bratöl braten.
Die Gemüse in der warmen Marinade anschwenken, mit Tomatenwürfeln und Basilikum und evtl. weiteren Kräutern vollenden. Rochenflügel auf dem Lauchsalat platzieren.
Mit einer Vinaigrette aus ⅛ l Brühe oder Fischfond, Zitronensaft, etwas Zucker, Pfeffer, Salz, Olivenpaste, einigen kleingeschnittenen Olivenstücken und etwas aromatischem Olivenöl übergießen.
Salate mit Salatdressing nach Belieben marinieren, nicht zu scharf und zu sauer.

Einen Kranz mit den Blattsalaten bilden, mittig die Lauchstreifen mit dem Fisch anrichten.

Suppen sollten Magenschmeichler sein, die mit ihren wärmenden oder erfrischenden Wohltaten den Genießer auf weitere Köstlichkeiten einstimmen.

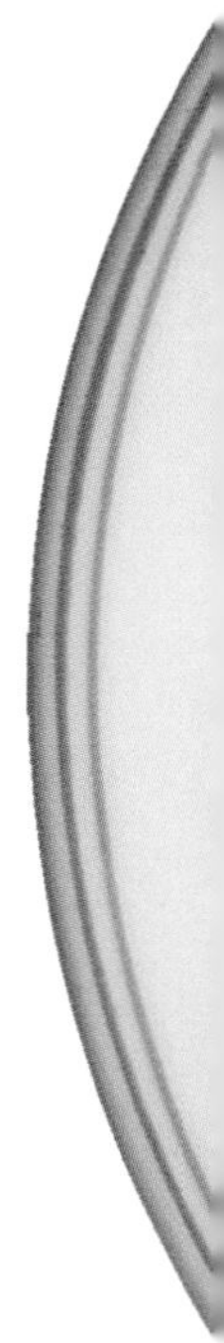

Suppen

Rinder- oder Hühnerbouillon

Zutaten

1,5 kg	Rinderknochen (Sandknochen), Hühnerflügel
1 kg	Suppenfleisch (Beinscheibe, flache Rippe mit Knochen) oder Suppenhuhn
½	geschwärzte Zwiebel
6-8	Pfefferkörner
2	Pimentkörner
je ca. 150 g	Möhre, Lauch, Sellerie, Petersilienwurzel
1	Lorbeerblatt
½	Knoblauchzehe
ca. 4,5 l	Wasser

Zubereitung

Alle Zutaten kalt aufsetzen, zum Kochen bringen, abschäumen und ca. 3 Std. sieden lassen. Nicht oder nur wenig salzen. Die Menge ergibt ca. 3,5 l fertige Bouillon.
Man sollte immer etwas gute Brühe zur Verfügung haben, evtl. auch tiefgekühlt. Der Arbeitsaufwand ist gering und das Ergebnis auf jeden Fall besser als fertige Konzentrate.

Consommé oder Kraftbrühe

Zutaten

ca. 500-600 g	geschrotetes Rindfleisch (Beinfleisch, Zungenstück oder Rindernacken). Anstelle von Rindfleisch kann auch Wild verwendet werden. Fleisch grob durch den Wolf drehen (5-8 mm Scheibe).
je 50-60 g	klein geschnittenes Gemüse aus Möhren, Sellerie, Lauch, Petersilienwurzel
2	Eiweiß
	gestoßene Eiswürfel
ca. 2 l	Rinder- oder Hühnerbouillon
	Suppenkräuter (Fertigmischung) oder 1 Lorbeerblatt, 3 Pimentkörner, 6-8 Pfefferkörner, 1 Thymianzweig

Zubereitung

Fleisch, Gemüse und Eiweiß mit dem Eis gut vermengen, alles sollte gut gekühlt sein. Mit der Bouillon auffüllen und zum Kochen bringen. Mit einer Bratenschaufel immer wieder gut durchrühren, damit das Eiweiß nicht am Topfboden anhängt.
Sobald dichter Schaum aufsteigt und das Klärfleisch oben steht, nicht mehr rühren, sondern nur noch ca. 2-3 Std. sieden lassen.
Nach 1 Std. die speziellen Suppenkräuter zugeben. Zum Schluss durch ein Tuch passieren, evtl. mit etwas Salz nachwürzen. Vorhandenes Fett entfernen.
Falls die speziellen Suppenkräuter nicht vorhanden sind, kann man mit 2 Nelken, 1 Lorbeerblatt, 3 Pimentkörnern, 6-8 Pfefferkörnern, 1 Thymianzweig würzen.

Wenn man eine so genannte Doppelte Kraftbrühe erzielen möchte, ist die doppelte Menge geschrotetes Fleisch erforderlich.

Wildenten- oder Wildconsommé

Zutaten

500 g	geschrotetes oder kleinst geschnittenes Fleisch von Entenkeulen oder Wild. Fleisch sollte grob durch den Wolf gedreht sein (5-8 mm Scheibe).
je 40 g	klein geschnittenes Gemüse (Möhren, Sellerie, Lauch, Petersilienwurzel)
ca. 2-3	Eiweiß
	gestoßene Eiswürfel
ca. 2 l	Entenbouillon
	Suppenkräuter (Fertigmischung) oder 2 Nelken, 1 Lorbeerblatt, 3 Pimentkörner, 6-8 Pfefferkörner, 1 Thymianzweig, 5 Wacholderbeeren

Zubereitung

Fleisch, Gemüse, Eiweiß mit dem Eis vermengen, alles sollte gut gekühlt sein. Mit der kalten Entenbouillon auffüllen und zum Kochen bringen, mit einer Bratenschaufel immer wieder gut durchrühren, damit das Eiweiß nicht am Topfboden anhängt. Sobald dichter Schaum aufsteigt und das Klärfleisch oben steht, nicht mehr rühren, sondern nur noch ca. 2-3 Std. sieden lassen.
Nach 1 Std. die Suppenkräuter zugeben. Zum Schluss durch ein Tuch passieren, evtl. mit etwas Salz nachwürzen. Vorhandenes Fett entfernen.

Falls die speziellen Suppenkräuter nicht vorhanden sind, kann man mit folgender Mischung würzen:
2 Nelken, 1 Lorbeerblatt, 3 Pimentkörner, 6-8 Pfefferkörner, 1 Thymianzweig, 5 Wacholderbeeren. Alles leicht zerdrücken oder mörsern und in die Suppe geben.

Die fertige Suppe kann mit Portwein oder Sherry verfeinert werden.

Wildenten- oder Wildbouillon

Zutaten

2 kg	Wildentenkarkassen oder andere Wildknochen, klein gehackt
ca. 2,5 l	Wasser
1 EL	Salz
10-15	Pfefferkörner
2	Pimentkörner
ca. 10	Wacholderbeeren
je ca. 100 g	Möhre, Lauch, Sellerie
3	Lorbeerblätter
½	Knoblauchzehe

Zubereitung

Die Entenknochen etwas anrösten, mit dem Wasser auffüllen, langsam zum Kochen bringen. Abschäumen, die Gemüse und im Mörser leicht zerdrückten Gewürze zugeben, etwas salzen, ca. 3 Std. auskócheln lassen.

Meine Bouillabaisse

für 4-6 Personen

Zutaten

2 kg	kleine Fische wie Drachenkopf, roter Knurrhahn, Petermännchen, Meeraal, Rouget, Brassen, ausgenommen und gewaschen und in Stücke zerteilt
100 g	Schalotten
150 g	Lauchstreifen
4 EL	Olivenöl
2	Knoblauchzehen
300 g	Tomaten
200 g	geschälte Kartoffeln, in
	Scheiben geschnitten
1	Fenchelknolle
100 g	Staudensellerie
1 Zweig	Thymian
	Petersilie
2 Stangen	Zitronengras
	etwas frische Ingwerwurzel
	Salz, Pfeffer, Safranfäden
800g	Fischfilet

Zubereitung

Alle Gemüse putzen, waschen und grob zerkleinern. Die Zwiebel- und Lauchstreifen in dem Olivenöl anschwitzen.
Die Fischstücke, den Knoblauch und die Tomaten zugeben.
Alles bei schwacher Hitze ca. 10 Min. dünsten, dann die Kartoffeln und anderen Gemüse zugeben. Mit ca. 2 l kaltem Wasser auffüllen. Ca. 1 Std. köcheln lassen, zwischendurch mehrfach abschäumen, nach ca. 50 Min. Petersilie, Thymian, Zitronengras, Safran und Ingwer zufügen, salzen und pfeffern.
Den Fond durch ein Sieb geben, dabei kräftig ausdrücken.
Ca. 800 g schöne Filets von Loup de Mer, Seeteufel, Knurrhahn oder jeglichem anderem Fisch, nach Wunsch auch Gambas, in den Sud geben und je nach Festigkeit behutsam gar ziehen lassen.

Fischstücke auf einer vorgewärmten Platte servieren, den Sud in Suppentellern auftragen.
Dazu geröstetes Knoblauchbrot und Aioli oder Rouille servieren.

Crèmesuppe von grünen Erbsen

für 4 Personen

Zutaten

20 g	Schalotten, in feine Würfel geschnitten
50 g	feine Lauchstreifen
50 g	Butter
300 g	tiefgekühlte oder frische grüne Erbsen
ca. 1 l	Brühe
¼ l	Sahne
	Zucker, Salz, etwas Zitronensaft

Zubereitung

Schalotten und Lauchstreifen in Butter gründlich anschwitzen. Erbsen dazugeben, alles gut durchheben.
Mit etwas Zucker und Salz würzen, die Brühe dazugeben und alles zugedeckt in ca. 20–30 Min. weich kochen. Mit dem Pürierstab durchmixen.
Die Suppe durch ein Sieb streichen, damit die gröberen Teilchen zurückbleiben.
Die Sahne zugeben. Die Suppe nochmals mit etwas Zucker, Zitronensaft, evtl. Salz nachschmecken. Man kann auch einige Zitronenmelissestreifen dazugeben.

Die Suppe sollte leicht süßlich mit ausgewogener Zitronensäure abgestimmt und nicht zu dickflüssig sein, evtl. kann man mit etwas Brühe verdünnen.

Meine Kartoffelsuppe

für 4-6 Personen

Diese Suppe war mein Beitrag für das Galamenü anläßlich des 50. Geburtstages des Landes NRW. Das Menü wurde am 1. September 1996 in der »Welt am Sonntag« veröffentlicht.
In diesem Menü wurde die Suppe mit frischen Steinpilzen serviert.
(Abb. Seite 37)

Zutaten

300 g	mehlige Kartoffeln
100 g	weiße Lauchringe
1	Schalotte in feinen Streifen
1	Knoblauchzehe
50 g	Butter
1 l	Fleischbrühe
1 dl	Weißwein
	etwas frischer Majoran
	Salz, Pfeffer, Muskat, Schnittlauch
¼ l	Sahne

Zubereitung

Geschälte Kartoffeln in 1 cm dicke Scheiben schneiden, mit den Lauchringen, der Schalotte und der Knoblauchzehe in Butter intensiv anschwitzen, ohne Farbe nehmen zu lassen.
Mit ½ l Fleischbrühe und dem Weißwein auffüllen, Majoran zufügen, weich kochen. Knoblauchzehe und Majoransträußchen entfernen, Kartoffeln durch ein feines Sieb streichen.
Nicht mit dem Pürierstab zerkleinern, dann wird die Masse zäh wie Gummi!
Mit der restlichen Brühe und der Sahne auffüllen und verdünnen, sanft erhitzen, mit etwas Muskat, Salz und Pfeffer abschmecken. Kurz vor dem Servieren mit 1 EL geschlagener Sahne auflockern, mit Schnittlauch bestreuen, evtl. geröstete Brotwürfel zugeben.

Man kann diese Suppe nach Belieben variieren, zum Beispiel mit frischen Steinpilzscheiben, die in Olivenöl kurz angebraten wurden, oder mit dünnen Frischlachsscheiben, die man roh in die heiße Suppe legt.

Meine Muschelbouillabaisse

für 6 Personen

Zutaten

1 kg	kleine Fische, wie roter Knurrhahn, Petermännchen, Meeraal o. ä., ausgenommen, gewaschen und in Stücke zerteilt
100 g	Schalotten
150 g	Lauchstreifen
4 EL	Olivenöl
3 kg	Miesmuscheln, gesäubert und geputzt
2	Knoblauchzehen
300 g	Tomaten
200 g	geschälte Kartoffeln, in Scheiben geschnitten
1	Fenchelknolle
100 g	Staudensellerie
1 Zweig	Thymian
	etwas glatte oder krause Petersilie
2 Stangen	Zitronengras
	etwas frische Ingwerwurzel
	Salz, Pfeffer, Safranfäden

Zubereitung

Alle Gemüse putzen, waschen und grob zerkleinern.
Die Zwiebel- und Lauchstreifen in dem Olivenöl anschwitzen. Die Muscheln darauf geben, pfeffern und salzen, mit etwas Wasser oder Brühe zugedeckt dünsten. Wenn alle Muscheln geöffnet sind, herausnehmen. Jetzt die Fischstücke, den Knoblauch und die Tomaten zugeben.

Alles bei schwacher Hitze ca. 10 Min. dünsten, dann die Kartoffeln und anderen Gemüse und zugeben. Mit ca. 1,5 l kaltem Wasser auffüllen, ca. 1 Std. köcheln lassen, zwischendurch mehrfach abschäumen, nach ca. 50 Min. Thymian, Petersilie und Zitronengras zufügen, salzen und pfeffern. Den Fond durch ein Sieb geben, dabei kräftig ausdrücken, die Safranfäden und den Ingwer in den Fond geben und nochmals aufkochen und ca. 10 Min. ziehen lassen.
Das Muschelfleisch auslösen und als Einlage in die Suppe geben.
Den Ingwer vor dem Servieren entfernen.

Man kann auch separat gegarte Fischstücke mit in die Suppe geben.
Dazu geröstetes Knoblauchbrot und Aioli oder Rouille servieren.

Gekühlte Gurkensuppe

für 4-6 Personen

Zutaten

1 kg	Salatgurke, geschält, entkernt, den Saft auffangen
	etwas Salz
250 g	Joghurt
	frisch geschnittene Kräuter wie Dill, Schnittlauch, Estragon, Borretsch etc.

Zubereitung

Aus den geschälten Gurken einige Kugeln ausstechen, die später als Einlage dienen. Die restlichen Gurken in Scheiben schneiden, mit etwas Salz bestreuen und ca. 1 Std. ziehen lassen. Die Gurkenscheiben mit dem beim Entkernen aufgefangenen Saft pürieren und durch ein nicht zu feines Sieb passieren.
Den Joghurt einrühren und die Suppe gut kühlen. Die fein geschnittenen Kräuter und die Gurkenperlen in die Suppe geben und servieren.

Als weitere Verfeinerung eignen sich ausgebrochene Krebsschwänze, rosa Crevetten, Streifen von gebeiztem Lachs usw.

Gazpacho – gekühlte spanische Suppe

für 4-6 Personen

Zutaten

500 g	Tomaten, enthäutet
1	Salatgurke, geschält
ca. 120 g	Zwiebeln
2	Knoblauchzehen
150 g	Schältomaten aus der Dose
1 l	fettfreie Brühe
ca. 2 EL	Olivenöl
	Zitronensaft, Weinessig
	Salz, Pfeffer, Eiswürfel

Zubereitung

Tomaten kurz in kochendes Wasser geben, abschrecken, Haut abziehen, Stengelansatz entfernen, Gurke schälen, grob würfeln, Zwiebel schälen, vierteln, Knoblauch schälen und mit etwas Salz zerdrücken, Schältomaten zugeben.
Alles im Mixer fein pürieren.
Kalte Brühe, Olivenöl und Zitronensaft unter das Püree geben, mit Pfeffer, evtl. Salz, Zitronensaft, etwas Weinessig abschmecken, einige Eiswürfel zugeben und ca. 2 Std. kühlen.
In gekühlte Tassen oder Teller geben, mit den Brotwürfeln, Paprika- und Gurkenstückchen, Petersilie und Schnittlauch bestreuen.

Man kann der Suppe durch eigene Geschmackszutaten, wie Ingwer, Cayennepfeffer, Basilikum etc., eine individuelle Note geben.

Einlage

Zutaten

1	Paprikaschote, entkernt, gehäutet, in feine Würfel geschnitten
ca. 100 g	rohe feine Gurkenwürfel (von der o. a. Gurke abgenommen)
	evtl. geröstete Brotwürfel von ca. 3 Scheiben Weißbrot
	Schnittlauchröllchen und gehackte Petersilie

Zitronengras-Ingwersüppchen

für 4-6 Personen

Zutaten

6 Stangen	Zitronengras, in ca. 1 cm lange Stücke geschnitten
100 g	frische Ingwerknolle, in Scheiben geschnitten
1 ½ l	gute Hühner- oder Rinderbouillon
	Saft von 1 Zitrone
ca. 5 EL	helle Sojasauce
1 Prise	Zucker
ca. 2 EL	Speisestärke
	feinste Streifen, ganz nach Belieben von je 50 g Möhren, Lauch, Sellerie, Kohlrabi, Paksoi, Staudensellerie, Sojasprossen oder anderem Gemüse
ca. 100 g	gekochte Glasnudeln oder andere asiatische Nudeln
1 EL	Sojaöl
	einige frische Korianderblätter
	geröstete Sesamkörner

Zubereitung

Zitronengras und Ingwer in der Bouillon mit etwas Zitronensaft, Sojasauce und Zucker ca. 20 Min. auskócheln.
Eingekochte Flüsssigkeit evtl. wieder ergänzen. Alles durchsieben. Die erhaltene Suppe mit etwas angerührter Speisestärke binden. Nochmals aufkochen.
Die Suppe darf auf keinen Fall dicklich oder pappig sein, sondern nur etwas gebundener als Wasser.
Die Gemüsestreifen hineingeben, etwas ziehen lassen, die gekochten Nudeln hineingeben. Alles noch einmal nachschmecken, nach Bedarf mit Sojasauce, Zitronensaft, Zucker würzen. Die heiße Suppe in Schüsseln anrichten, mit den Korianderblättern und den Sesamkörnern überstreuen.

Als Einlage: gekochtes Hühnerfleisch, rohe dünne Lachs- oder Thunfischscheiben, die in der Suppe kurz garen, Shrimps, gebratene Gambas etc., nach Belieben.

Weiße Bohnencremesuppe

für 4 Personen

Zutaten

50 g	Schalotten, in feine Würfel geschnitten
1	Knoblauchzehe
4 cl	Sonnenblumen- oder Rapskernöl
2 Dosen à 400g	gekochte weiße Bohnen, ohne Flüssigkeit, kalt abgespült
150 ml	trockener Weißwein
½ l	Brühe oder Fischfond
	oder halb und halb
1	Lorbeerblatt
	Majoran, weißer Pfeffer, Salz
60 ml	Sahne
20 g	Butter
	Zitronensaft

Zubereitung

Schalotten und Knoblauchzehe in dem Öl anschwitzen, Bohnen dazugeben.
Mit Wein und Brühe auffüllen, Lorbeerblatt und etwas Majoran (1 Zweig) dazugeben.
Zum Kochen bringen und ca. 25 Min. sanft köcheln lassen.
Lorbeer, Majoran und Knoblauchzehe entfernen und die Suppe fein pürieren.
Durch ein Sieb passieren, mit Salz und Pfeffer würzen. Die frische Sahne dazugeben, nochmals kurz aufkochen und evtl. mit etwas Zitronensaft nachschmecken.

Als Einlage: gebratene Jakobsmuscheln oder Rochenflügel, gebratene Gambas oder frische Steinpilze.

Kochschule
Hinterding
Heute kocht
Armin !

Fische und Meeresfrüchte sind ein Hochgenuss, wenn sie frisch sind. Ob gedämpft, im Backofen gebraten, gekocht oder in Folie gegart - sie sind Köstlichkeiten, deren sorgfältige Zubereitung sich lohnt und die in der Folge eines Essens für Gäste nicht fehlen sollten.

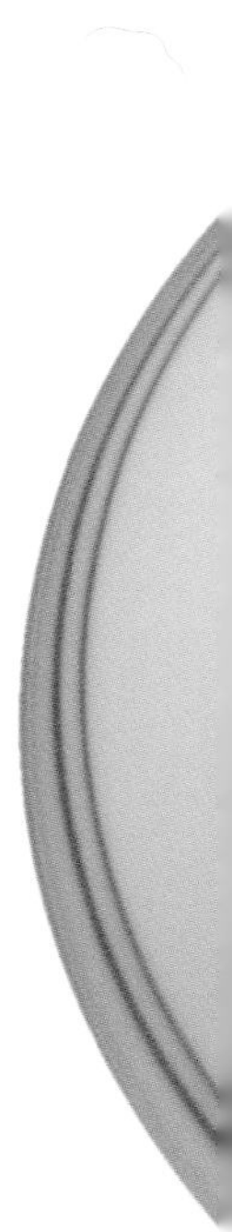

Fische und Meeresfrüchte

Gebackene Seeteufelnuggets mit Spargelragout

für 4 Personen

Zutaten

400 g	geschälten weißen, evtl. auch grünen Spargel, roh in ca. 2 cm lange Stücke geschnitten
1	Schalotte, fein gewürfelt
ca. 50 g	feine Lauchstreifen
	Butter, Butterschmalz
	etwas Brühe
2 cl	Noilly Prat
¼ l	Crème double oder Sahne
1	Eigelb für Liaison
	Kerbel, Schnittlauch, Basilikum
	Zucker, Salz, Zitronensaft, Sojasauce, Curry
4	Seeteufelmedaillons
1	Ei, verquirlt
	Paniermehl, Sesamkörner

Zubereitung

Schalottenwürfel und Lauchstreifen in Butter andünsten, Spargelstücke zugeben, mit etwas Zucker, Salz, Spritzer Zitronensaft würzen, mit Brühe oder Spargelfond knapp bedecken, ca. 8 Min. dünsten, mit Sahne angießen, alles mit Liaison von 1 Eigelb und 2 EL Sahne binden.
Mit gehacktem Kerbel, Schnittlauch, Basilikum, einigen Tomatenwürfeln oder je nach Geschmack mit gedünsteten Morcheln abrunden, mit Zitronensaft, evtl. Salz und Muskat nachschmecken. Das Ragout darf nach dem Legieren nicht mehr kochen.
Seeteufelmedaillons oder anderes Fischfilet mit Salz, etwas Zitrone, einigen Tropfen heller Sojasauce, evtl. Curry, würzen, leicht in Mehl wenden, in verquirltem Ei und in einer Mischung aus Sesamkörnern und Paniermehl wenden. In Butterschmalz oder anderem Fett ausbacken.

Auf dem Spargelfrikassee anrichten.

Seeteufel nach Matrosenart

(span. Rape a la marinera)

für 4 Personen

Zutaten

pro Person ca. 100-150g	Seeteufel
pro Person 2	Gambas
	Salz, Pfeffer
	Olivenöl, etwas Mehl
3 EL	Schalotten- oder Zwiebelwürfel
1 EL	geschälte Mandeln
1	Chilischote ohne Kerne
2 EL	gehackte Petersilie
¼ l	Weißwein
¼ l	Fischfond oder Brühe
1 Scheibe	geröstetes Toastbrot

Zubereitung

Seeteufelmedaillons und Gambas mit Salz und Pfeffer würzen. Leicht in dem Mehl wenden und in Olivenöl anbraten. Aus der Pfanne nehmen und in eine feuerfeste Form geben.
In das Bratöl die Schalottenwürfel geben, etwas anschwitzen lassen, die Mandeln, die Chilischote und die gehackte Petersilie zugeben. Alles gut durchschmoren lassen, mit dem Weißwein aufgießen, kurz aufkochen.
In den Mixbecher geben, die Brühe angießen, das geröstete Brot zugeben, alles durchmixen.
Noch einmal aufkochen und abschmecken.

Die angebratenen Fischstücke mit der Sauce übergießen und im Ofen bei ca. 160 °C in ca. 10-15 Min. fertig garen.

Seeteufel-Piccata auf umbrischen Linsen

für 4 Personen

Zutaten

pro Person ca. 60 g	Seeteufelfilet, in kleine Medaillons geschnitten
ca. 50 g	frisch geriebener Parmesankäse
1	Ei
	Mehl, Zitronensaft, Öl
	Pfeffer, Salz

Zubereitung

Das Ei verschlagen, den geriebenen Parmesankäse zugeben, so dass eine dickliche Masse entsteht, mit etwas Peffer und Salz würzen.

Die Seeteufelfilets mit etwas Zitronensaft und Salz würzen, in Mehl wenden, leicht in der Ei-Parmesan-Masse drehen und in Oliven- oder Rapskernöl goldgelb ausbacken.

Umbrisches Linsenragout

Zutaten

300 g	gekochte Linsen (grüne Minilinsen oder Belugalinsen)
30 g	fein gewürfelter Bacon
1	fein gewürfelte Schalotte
7 EL	Tomatensugo
2	Tomaten, gehäutet u. gewürfelt
	etwas Basilikum und Thymian
2 cl	Marsala
20 g	eingeweichte Rosinen
	evtl. 2–3 EL Brühe
1 EL	getrocknete Tomaten, klein gewürfelt
	Salz, Pfeffer, Zucker, Balsamico

Zubereitung

Baconwürfel mit den Schalotten anschwitzen, Tomatensugo und Linsen zugeben, leicht durchkochen, Tomatenfleischwürfel, Basilikum, evtl. etwas Thymian, den Marsala und die Rosinen zugeben, mit 1 Prise Zucker, Pfeffer, Salz und etwas Balsamico abschmecken. Wenn das Gemüse zu konsistent erscheint, mit etwas Brühe oder Tomatensugo verdünnen.

Mit gebratenem Fisch (Zander, Seeteufel, Gambas) servieren.

Gebratene Jakobsmuscheln auf grünem Erbsenpüree

für 4 Personen

Zutaten

pro Person ca. 100–120 g	Jakobsmuscheln
300 g	grüne Erbsen – tiefgekühlt oder frisch
1 EL	feinste Zwiebel- oder Schalottenwürfel
50 g	feinste Lauchstreifen, nur das Weiße
50 g	Butter
1 EL	Zucker, etwas Salz
	Saft von 1 Zitrone
5 cl	Noilly Prat
150 ml	Gemüse- oder Fleischbrühe
3-4 EL	flüssige Sahne
	Butterschmalz, Mehl

Zubereitung

Die Zwiebelwürfel und Lauchstreifen in ca. 50 g Butter anschwitzen, ohne Farbe nehmen zu lassen. Die Erbsen dazu geben, etwas mit anschwitzen. Die Gewürze, den Zitronensaft, den Noilly Prat, die Brühe zufügen und zugedeckt alles garen. Die weich gedünsteten Erbsen mit dem Pürierstab intensiv durchmixen und dann durch ein Sieb oder eine Flotte Lotte streichen. Flüssige Sahne je nach Konsistenz des Erbsenpürées zugeben. Das Erbsenpüree nochmals nachschmecken. Der Geschmack sollte leicht süßlich mit einer pikanten Zitronensäure sein.
Nach Belieben kann man einige Scheiben frischen Ingwer und 1 Stange Zitronengras mitdünsten. Vor dem Mixen müssen diese Zutaten allerdings entfernt werden.
Die Jakobsmuscheln mit etwas Salz und Zitronensaft würzen, leicht in Mehl wenden, in heißem Butterschmalz kurz und schön braun braten.
Erbsenpüree auf angewärmte Teller geben. Die gebratenen Muscheln darauf platzieren. Nach Wunsch kann dieses Gericht mit gezupfter Zitronenmelisse oder Kerbel garniert werden.

Anstelle von Jakobsmuscheln kann man auch frische Forellen- oder Saiblingfilets, Schollenfilet oder jeden anderen Fisch nach Marktlage verwenden.

Mit etwas Brühe und/oder Sahne verdünnt wird aus dem Erbsenpüree eine Crèmesuppe.

Goldbarschfilet auf Kartoffelragout

für 4 Personen

Zutaten

pro Person ca. 150 g	Goldbarschfilet
400 g	Lauch
300 g	Kartoffeln
⅛ l	Fischfond
⅛ l	Weißwein
¼ l	Sahne
50 g	Pommerysenf
2 EL	Balsamicoessig
150 g	Butter zum Braten
	Salz, Pfeffer, Muskat, Mehl
	Butterschmalz, Zitronensaft

Zubereitung

Gewaschenen Lauch in ca. 1 cm breite Ringe schneiden, in Salzwasser blanchieren, in Eiswasser abschrecken.
Kartoffeln in ca. 2 cm lange Stäbchen in Pommes-frites-Größe schneiden, blanchieren, abschrecken.
Fischfilets mit etwas Zitronensaft, Salz und Pfeffer würzen, in Mehl wenden, in Butter braten.
Die Kartoffelstäbchen in Butterschmalz wie Bratkartoffeln braten, den Lauch hinzufügen, alles gut durchschwenken, mit Muskat, Salz und dem Balsamico abschmecken.
Lauch-Kartoffelgemüse auf dem Teller anrichten, den gebratenen Fisch obenauf setzen.
Den Fischfond mit etwas Weißwein einkochen lassen, Sahne zugeben, aufkochen, mit Pommerysenf, einigen Tropfen Balsamico und Pfeffer und Salz abschmecken, evtl. etwas Schnittlauch zugeben.
Die Sauce um den Fisch geben.

Fertig.

Steinbutt mit Kartoffel-Lauch-Nage

für 4 Personen

Zutaten

pro Person 60–100 g	Steinbuttfilet oder anderes Fischfilet nach Belieben
1 Stange	Lauch in feinen Streifen – nur das Weiße
1	geschälte Schalotte in feinen Würfeln
1	Knoblauchzehe im Ganzen
ca. 200 g	geschälte Kartoffeln in Würfeln
ca. 1 dl	trockener Weißwein
5 cl	Noilly Prat
	Brühe oder Spargelfond
ca. ½ l	Sahne
	Schnittlauch, Tomatenwürfel
ca. 30 g	Butter

Zubereitung

Lauchstreifen, Schalottenwürfel, Knoblauchzehe, Kartoffelwürfel in der Butter anschwitzen; mit dem Weißwein und Noilly Prat ablöschen, mit Brühe oder Gemüsebrühe oder Spargelfond und Sahne auffüllen, zugedeckt weich kochen, durch ein Sieb streichen.
Evtl. mit etwas Brühe und Sahne verdünnen, abschmecken, mit frischen Kräutern garnieren.
Steinbuttfilet oder anderes Fischfilet würzen, in Mehl wenden und in Butter braten.

Einige feinste Lauch- und Kartoffelstreifen separat blanchieren, in etwas Butter anschwitzen, in einem tiefen Teller die Lauch-Kartoffelstreifen in der Mitte platzieren, die gebratenen Fischfiletstreifen darauf geben. Mit frischen Kräutern und einigen in Butter angeschwenkten Tomatenfleischwürfeln garnieren, mit der heißen Kartoffel-Lauch-Nage umgießen.

Matelote von Steinbutt und Muscheln

für ca. 8–10 Personen

Matelote ist der französische Begriff für ein Matrosengericht

Zutaten

pro Person ca. 100–120g	Steinbutt- oder Heilbuttfilet oder anderer Fisch wie Kabeljau, Rotbarsch etc., ohne Haut
pro Person ca. 30 g	Muschelfleisch, zubereitet wie im Rezept Rheinisches Muscheltöpfchen (siehe Seite 33), einen Teil des Sudes für die Herstellung der Fischsauce mit Senf (siehe Seite 111) verwenden.
ca. 500 g	Kartoffeln, geschält und in ca. 1 cm große Würfel geschnitten, in Salzwasser blanchiert
ca. 500 g	Lauch, gewaschen und in ca. 1,5 cm breite Streifen geschnitten, blanchiert
	Salz, Muskat
	Mehl und Butter zum Braten

Zubereitung

Die blanchierten Kartoffelwürfel wie Bratkartoffeln braten, den blanchierten Lauch dazugeben, durchschwenken, mit Muskat und Salz würzen.
Fisch leicht salzen, in Mehl wenden, in Butter braten.
Das Gemüse als Sockel auf dem Teller anrichten, das gebratene Fischfilet obenauf setzen, über das Fischfilet die Senfsauce mit dem Muschelfleisch und Kräutern geben.

Wenn erhältlich, können auch gebratene Jakobsmuscheln das Gericht bereichern.

Zanderklößchen

Zutaten

300 g	schieres Zanderfleisch, gut gekühlt, zerkleinert oder durch den Fleischwolf gedreht
5 g	Salz, etwas weißer Pfeffer aus der Mühle, Zitronensaft
250 g	Sahne
1	Ei
1	Eiweiß
50 g	halbfest geschlagene Sahne

Zubereitung

Zanderfleisch im vorgekühlten Mixer (Moulinette) zerkleinern, Salz und Pfeffer zugeben, während des Mixens das Ei und das Eiweiß und ca. 200 g Sahne zugeben. Wenn das Püree konsistent ist, durch ein Sieb streichen, im Eisbad mit dem Spachtel abrühren, dabei die letzten 50 g Sahne und die halbfest geschlagene Sahne unterziehen. Nachschmecken, evtl. mit etwas Zitronensaft würzen.

¼ l	Fischfond
¾ l	Wasser
½ l	Weißwein
	etwas Dill
ca. 30 g	Salz

Aus den Zutaten einen Sud herstellen. Die Klöße mit kleinem Löffel ausstechen und im Sud gar ziehen lassen.

Bevor man alle Klößchen formt, zuerst ein Probeklößchen garen.
Man kann die Klößchen mit Dillsauce, Hummersauce, Weißweinsauce servieren, auf Weinkraut nach Elsässer Art, auf Spargel-Morchel-Ragout usw.
Nach dem gleichen Verfahren stellt man Hechtklößchen her.

Wichtig ist bei der gesamten Zubereitung, dass die Arbeitsgeräte und die Produkte sehr gut gekühlt sind, damit das Fischeiweiß sich nicht erwärmt und dadurch die Bindefähigkeit für Sahne verliert.

Zander auf Kartoffel-LauchPüree mit Rotweinschalottensauce

für 4 Personen

Zutaten

pro Person

ca. 120 g	Zander- oder anderes Fischfilet nach Belieben
ca. 70 g	kleinste Schalottenwürfel
ca. ⅛ l	Portwein und Rotwein
400 g	Kartoffeln
	Meersalz
ca. 150 g	Lauchstreifen
½ l	Milch oder Sahne, Butter, Muskat
ca. ¼ l	Kalbsjus
	einige Spritzer Barolo- oder anderer Rotweinessig
1	Prise Zucker
	etwas gehackte glatte Petersilie

Zubereitung

Die Schalottenwürfel mit dem Portwein und Rotwein bedecken, kräftig kochen, bis der Wein verdampft und die Schalottenwürfel gar sind.
Kartoffeln mit dem Salz gar kochen.
Lauchstreifen in Salzwasser kurz blanchieren. In Eiswasser abschrecken.
Die gekochten Kartoffeln durchpressen und mit der kochenden Milch und der Butter zu einem lockeren Püree verarbeiten. Nicht mit dem Schneebesen oder Mixer verrühren, sondern immer mit einem Holz- oder Gummispachtel vorsichtig vermengen. Die blanchierten Lauchstreifen dazugeben. Mit Muskat nochmals nachschmecken.
Aus dem Kalbsjus oder anderem dunklen Bratenfond mit den gekochten Schalottenwürfeln, evtl. einigen Spritzern Essig, einen pikanten Jus herstellen. Mit der Petersilie und einem Stich frischer Butter vollenden.

Die Zanderfilets würzen, in Mehl wenden undin Butter braten.

Kartoffel-Lauch-Püree in einem Ring anrichten, den gebratenen Zander obenauf setzen, mit dem Jus umgießen.

Hummerragout mit dicken Bohnenkernen

Zutaten und Zubereitung

Frischen Hummer kochen oder vorgekochten Hummer verwenden.

Anstelle von Hummer können auch gebratene Riesengarnelen-Schwänze verwendet werden.

Pro Person: das ausgebrochene Fleisch von $^1\!/_2$ Hummer oder 3 Riesengarnelen-Schwänze (möglichst Seawater-Gambas), 100 g Dicke Bohnen, blanchiert und aus der Schale gepellt.

Ca. 50 g Hummersauce (siehe Seite 113).

Das Hummerfleisch in walnussgroße Stücke schneiden, in die Hummersauce – warm, nicht heiß – legen.
Bohnenkerne mit etwas Butter anschwenken, mit Pfeffer, Salz, frisch gehackter Petersilie und Schnittlauch würzen, pro Person 1 EL Tomatenfleischwürfel zugeben.
In einem tiefen Teller die Bohnenkerne anrichten, das Hummerfleisch obenauf geben und mit der nochmals nachgeschmeckten Hummersauce, die mit 1 EL geschlagener Sahne aufgelockert wurde, überziehen.

Wenn das Gericht mit Riesengarnelen zubereitet wird, anstelle der Hummerschalen die gesäuberten und getrockneten Garnelenschalen für die Sauce verwenden.

Kabeljau auf warmen Gemüsestreifen
(asiatisch)

für 4 Personen

Zutaten

pro Person

100–120 g	Filet vom Kabeljau
¼ l	Fischfond oder Brühe
ca. 5 EL	helle Sojasauce
ca. 250 g	Gemüsestreifen (Streichholzgröße) von Lauch, Sellerie, Staudensellerie, Möhren, Zucchini, Kohlrabi
	Zucker, Zitronensaft, Cayennepfeffer, evtl. Curry, Ingwer, Koriander, Chilisauce
	Speisestärke, Öl

Zubereitung

Gemüse leicht knackig blanchieren, in Eiswasser abschrecken.

Aus ca. ¼ l Fischfond oder Brühe mit Sojasauce, 1 Prise Zucker, etwas Zitronensaft, etwas Cayennepfeffer (Vorsicht) und weiteren Gewürzen nach Belieben, wie Curry, Ingwer, süßsaurer Chilisauce, Koriander, einen Fond kochen, mit wenig angerührtem Mondamin ganz leicht abbinden. Die Sauce muss noch ziemlich flüssig bleiben. Etwas abkühlen lassen, mit ca. 3 EL Distel-, Oliven- oder Rapskernöl aufmixen, damit der Fond noch etwas Bindung erhält.
Die Gemüsestreifen darin schwenken. Nochmals nachschmecken.
Kabeljau dämpfen oder dünsten, auch braten ist möglich.
Die Gemüsestreifen mit einer Schaumkelle aus dem Fond heben, auf vorgewärmtem tiefem Teller anrichten. Den Fisch auf den Gemüsestreifen platzieren. Den restlichen Fond nochmals nachschmecken und über den Fisch geben. Evtl. mit frischen Korianderblättern und/oder gerösteten Sesamkörnern bestreuen.

Man kann dieses Gericht mit vielen anderen Fischen wie Gambas, Schollenfilet, Goldbarsch usw. zubereiten, aber auch mit Hähnchenbrust, Schweinemedaillons oder Kalbfleisch.

Diese Zubereitung ist auch für den Wok geeignet.

Kabeljaufilet mit Münsterländer Stielmus

für 4 Personen

Zutaten

pro Person

150 g	Kabeljaufilet
ca. 200 g	Stielmus
40 g	Schalottenwürfel
30 g	Kartoffelwürfel
1 EL	Butter
⅛ l	Rinderbrühe
⅛ l	Senfsauce (siehe Seite 111)
	Salz, Pfeffer, Muskat

Zubereitung

Stielmus waschen, von den gröbsten grünen Blättern befreien, in ca. 5 mm lange Stücke schneiden, in Salzwasser kurz blanchieren und in Eiswasser abschrecken. Schalottenwürfel und feinste Kartoffelwürfel in Butter anschwitzen, mit Rinderbrühe bedecken, fast gar kochen, dann die blanchierten Rübstielstückchen zugeben, nochmals etwas Brühe zufügen, kurz durchkochen, mit Salz, Pfeffer, Muskat abschmecken. Das Gemüse darf nicht zu suppig sein, sonst eventuell einige durchgepresste gekochte Kartoffeln zugeben.

Kabeljaufilet mit kaltem Wasser abspülen, trockentupfen, mit Salz, Pfeffer und etwas Zitronensaft würzen.
Den Fisch leicht in Mehl wenden und in Butterschmalz oder Rapskernöl zuerst auf der Hautseite anbraten, wenden und mit etwas Butter zu Ende braten.
Die Senfsauce wie auf Seite 111 beschrieben herstellen, mit Fischfond, feinem Dijonsenf, 1 Prise Zucker, eventuell Salz und einem Spritzer Zitronensaft pikant abschmecken. Mit etwas geschlagener Sahne auflockern.

Stielmus in der Tellermitte anrichten, Kabeljaufilet obenauf setzen. Die Senfsauce rundherum geben.

Toskanisches Tomatenragout mit Seeteufel

für 4 Personen

Zutaten

ca. 100 g	Seeteufel oder anderes Fischfilet als Vorspeise
ca. 150 g	Seeteufel oder anderes Fischfilet als Hauptgericht
ca. 100 g	Zucchiniwürfel, ca. 8 x 8 mm
60 g	feine Schalottenwürfel
2-4	Knoblauchzehen, nach Geschmack
ca. 100 g	Olivenöl (hier muss Olivenöl verwandt werden)
100 g	gehäutete Olivettitomaten oder andere, reife Tomaten, geviertelt
1 Dose ca. 200g	geschälte Tomaten in Stücken, ungewürzt
2 EL	Kapern
	Pfeffer, Salz, Zucker, Mehl, Basilikum, Zitronensaft

Zubereitung

Zucchiniwürfel kurz in Olivenöl anbraten, mit Salz und Pfeffer würzen.
Schalottenwürfel mit Knoblauch in der Hälfte des Olivenöls andünsten, Tomaten und die Dosentomaten zugeben, Kapern beifügen, mit Pfeffer, Salz und 1 Prise Zucker würzen. Alles zugedeckt ca. 10 Min. köcheln lassen. Die Zucchiniwürfel zufügen, nach Geschmack sind auch fein geschnittene Artischockenwürfel oder gekochte Canellinibohnen möglich, um ein Gemüseragout herzustellen.
Zum Schluss das Basilikum zugeben.

Fischfilets mit Zitronensaft, Salz und Pfeffer würzen, in Mehl wenden und in Rapskernöl mit Butteraroma braten.

Tomatenragout in einen tiefen Teller geben, obenauf das Fischfilet setzen. Nach Belieben mit feinen Nudeln oder Spaghetti anrichten. Das Ragout schmeckt auch ohne Fisch als vegetarisches Gericht. Nach Geschmack mit geriebenem Parmesan überstreuen.

Hummer in Ingwer-Zitronengras-Sauce

für 4 Personen

Zutaten

ca. 300 g	gekochtes Hummerfleisch
60–70 g	frischer Ingwer, in Scheiben geschnitten
3 Stangen	frisches Zitronengras, zerkleinert
$^1/_4$ l	Fischfond oder Brühe
$^1/_8$ l	Crème double oder Sahne
2 EL	Sojasauce
200 g	Lauchstreifen, ca. 1 cm breit, in Salzwasser blanchiert
	Salz, Zucker, Muskat, Zitronensaft
evtl. 1 EL	Ingwerstückchen
	Olivenöl, Butter

Zubereitung

Ingwer und Zitronengras in Olivenöl anschwitzen, mit etwas Fischfond oder Brühe auffüllen, ca. 15 Min. köcheln lassen, durchseihen, mit der Crème double oder Sahne verkochen, evtl. mit etwas Zitronensaft und 1 Prise Zucker nachschmecken.

Blanchierte Lauchstreifen in etwas Butter anschwenken, mit Salz und Muskat abschmecken, anrichten. Die leicht erwärmten (nicht zu heiß) Hummerstücke obenauf legen, mit der Ingwer-Zitronengras-Sauce übergießen.
Evtl. kandierte oder frische Ingwerstückchen (sehr klein gehalten) darüberstreuen oder in die Sauce geben.

Orecchiette-Nudeln mit Basilikum und Fischfilet

für 4–6 Personen

Als Vorspeise ca. 70 g, als Hauptgericht ca. 120 g Fisch wie: Forellen-, Seeteufel-, Rotbarsch-, Schollen-, Heilbuttfilet o. ä. oder Gambas.
Die Fischfilets mit etwas Zitronensaft und Salz würzen, in Mehl wenden und in Butterschmalz, Olivenöl, Rapskernöl oder mit einem Stich frischer Butter braten.

Auf den Orechiette-Nudeln anrichten.

Zutaten

ca. 300 g	Orecchiette-Nudeln
30 g	fein gewürfelte Schalotten
1	kleine Knoblauchzehe, fein gehackt
3 EL	Olivenöl
80 g	gekochte Canellinibohnen (Dosenprodukt)
2	Tomaten, enthäutet und gewürfelt
1 EL	Kapern
100 g	flüssige Sahne
ca. 10 g	Basilikumblätter, blanchiert und abgeschreckt, mit 2 EL Olivenöl, Zitronensaft, Salz und Pfeffer im Mixer püriert
2 EL	gehackte Tomaten (Dosenprodukt)
	Salz, Pfeffer, Zitronensaft

Zubereitung

Schalottenwürfel und Knoblauch in Olivenöl anschwitzen, die gekochten Nudeln zugeben, mit etwas Salz und Pfeffer würzen, durchschwenken.
Cannellinibohnen, Tomatenfleischwürfel, Kapern, Sahne, Basilikumpüree und gehackte Tomaten zugeben. Das Nudelgericht nochmals mit Salz, Pfeffer, evtl. frischen Basilikumstreifen, einigen Tropfen Zitronensaft abschmecken und je nach Geschmack noch etwas Knoblauch zugeben. Alles einmal kurz aufkochen, nochmals nachschmecken.

Nach Belieben mit frischen Kräutern, etwas Parmesan oder Gremolata (abgeriebene Zitronenschale mit Petersilie und Knoblauch) bestreuen.

Fertig !

Frischlachsscheiben mit Orangensauce

für 4 Personen

Zutaten

Pro Person ca. 100 g	2 ca. 3 mm dünne Lachsscheiben
3	Orangen, filetiert, den Saft auffangen
¼ l	Fischfond
⅛ l	Crème double oder Sahne
1 EL	Basilikumstreifen
4	Tomaten
	Salz, Cayennepfeffer, Zucker, Zitronensaft
	etwas Mehl, Butter
1 EL	geschlagene Sahne

Zubereitung

Orangensaft und Fischfond auf 50 % einkochen. Crème double zugeben, mit Salz und Cayennepfeffer abschmecken, evtl. etwas Zitronensaft und 1 Prise Zucker zugeben.
Fischscheiben leicht salzen, dünn in Mehl wenden, nur ganz kurz in Butter braten oder die Scheiben auf ein gefettetes Blech legen, mit etwas Salz würzen, mit zerlassener Butter bestreichen und unter dem Grill minutenschnell garen, so dass der Fisch innen noch leicht rosé ist.
Sauce nochmals aufkochen, Basilikumstreifen, Streifen von Tomatenfleisch und Orangenfilets in die Sauce geben. Nach Belieben mit einem Spritzer Grand-Marnier-Likör abschmecken.
Zum Schluss die Sauce mit 1 EL Schlagsahne montieren.

Lachs auf gedünstete Gemüsestreifen, Spargel oder Nudeln platzieren und mit der Orangensauce übergießen.

Quality Approved
SCOTTISH SALMON
M977383
Label Rouge

Fraglos ist perfekt zubereitetes Fleisch – ob vom Lamm, Schwein, Rind oder Kalb, ob gebraten, gekocht, geschmort oder gegrillt – ein besonderes Vergnügen. Mit dazu richtig ausgewählte Begleiter wird ein Essen zu einem Festmahl.

Fleisch

Boeuf à la mode Rinderbraten in Rotwein geschmort

für 4-6 Personen

Zutaten

1 St.	Rinderbraten, ca. 1,5 kg, am besten das Schaufelstück, 3 Tage in eine Marinade eingelegt
je 100 g	Möhren, Sellerie, Zwiebeln
ca. 20	Pfefferkörner
5	Pimentkörner
2	Lorbeerblätter
1 Zweig	Thymain
2	Knoblauchzehe
ca. ½ l	Rotwein
1 l	Ochsenschwanzfond (siehe Seite 113)
	Salz, Pfeffer, Öl, Balsamico
	Öl, Speisestärke
5 cl	Cognac oder Weinbrand

Zubereitung

Aus den Gemüsen und Gewürzen und dem Rotwein eine Marinade zubereiten, das Fleisch 3 Tage darin ziehen lassen.
Ca. 2 Std. vor der Zubereitung das Fleisch aus der Marinade nehmen, abtropfen lassen. Das Gemüse absieben, den Fond auffangen.

Das abgetropfte Rindfleisch in heißem Öl in einer Kasserolle anbraten, das Gemüse aus der Marinade zugeben, mit anbraten, mit dem Marinadesud und Ochsenschwanzfond auffüllen.
Im geschlossenen Bräter im Backofen 2-3 Std. bei ca. 120 °C schmoren. Wenn das Fleisch weich ist, aus dem Fond nehmen. Den Bratenfond evtl. einkochen auf ca. 0,7 l, mit angerührter Speisetärke leicht abbinden. Mit etwas Cognac oder Weinbrand, Balsamicoessig, Salz und Pfeffer abschmecken, durch ein Sieb passieren.
In die Sauce nach Belieben einige blanchierte Möhrenscheiben, Perlzwiebeln und gehackte Petersilie geben. Die fertige Sauce muss einen kräftigen, würzigen Geschmack haben.

Brasato al Chianti Rinderbraten in Rotwein geschmort

für 4-6 Personen

Zutaten

1 St.	Rinderbraten, ca. 1,5 kg, am besten das Schaufelstück, ca. 24-36 Std. in eine Marinade eingelegt
je 100 g	Möhren, Sellerie, Zwiebeln
ca. 20	Pfefferkörner
5	Pimentkörner
2	Lorbeerblätter
1 Zweig	Thymain
1	Knoblauchzehe
ca. 1 l	Rotwein (Chianti)
	Salz, Pfeffer, Öl, Balsamico
	dunkler Saucenbinder

Zubereitung

Das Fleisch mit Wein, Möhren, Sellerie, Zwiebeln, Knoblauch und Gewürzen marinieren. Ca. 2 Std. vor der Zubereitung aus der Marinade nehmen, abtropfen lassen.
Das Gemüse absieben, den Fond aufheben.

Das abgetropfte Rindfleisch in heißem Öl in einer Kasserolle anbraten, das Gemüse aus der Marinade zugeben, mit anbraten, mit dem Marinadesud und evtl. etwas Bratenjus auffüllen. Im geschlossenen Bräter im Backofen ca. 2-3 Std. bei ca. 120 °C langsam schmoren. Wenn das Fleisch weich ist, aus dem Fond nehmen. Abgedeckt ruhen lassen.
Den Bratenfond evtl. einkochen auf ca. 0,7 l, mit dunklem Saucenbinder leicht abbinden. Mit etwas Balsamicoessig, Salz und Pfeffer abschmecken. Durch ein Sieb passieren.
In die Sauce nach Belieben einige blanchierte Möhrenscheiben, Perlzwiebeln und gehackte Pertersilie geben. Die fertige Sauce muss einen kräftigen, würzigen Geschmack haben.
Das abgekühlte Fleisch in ca. 1,5 cm dicke Scheiben schneiden. Die Scheiben in die fertige heiße Sauce legen und schonend ca. 20 Min. wieder erwärmen.
Auf keinen Fall kochen lassen.
Beilagen sind Risotto oder Nudeln.

Gekochter Rindertafelspitz mit Münsterländer Zwiebelsauce – süßsauer

für 4 Personen

Zutaten

1 kg	Rinderknochen, in kochendem Wasser blanchiert und kalt abgespült
1,5 kg	Rindertafelspitz, gründlich mit kaltem Wasser abgespült
1	Bund Suppengemüse – Lauch, Möhre, Sellerie
2	Lorbeerblätter
ca. 15	Pfefferkörner
	Salz
5	Pimentkörner
ca. 3 l	Wasser
ca. 200 g	Schalotten, geschält, fein gewürfelt
60 g	Butter
⅛ l	dunkler Rotwein, z. B. Dornfelder
¼ l	Kochsud
¼ l	Sahne
2 EL	Mehl
	Zucker und Weinessig
	Muskat, Salz nach Geschmack
	Schnittlauch

Zubereitung

Die blanchierten, kalten Rinderknochen mit eiskaltem Wasser gut bedecken, langsam zum Kochen bringen, mit dem kalten Wasser auffüllen, abschäumen, den Tafelspitz – vorher von Sehnen befreien – hinein geben, die Gewürze und das Suppengemüse zufügen, nochmals abschäumen, langsam köchelnd das Fleisch ca. 2-3 Std. garen.

Ca. 150 g Schalottenwürfel in der Butter anschwitzen, 1 EL Zucker zugeben, mit anschwitzen und mit dem Weißweinessig ablöschen, das Mehl zugeben, gut verrühren, vom Kochsud ¼ l abnehmen und hinzufügen, mit der Sahne auffüllen und mit dem Schneebesen zu einer glatten Sauce verrühren. Ca. 10 Min. köcheln lassen, dabei häufig durchrühren, nachschmecken mit etwas Salz, Muskat, evtl. Essig und Zucker.

Wenn die Sauce zu fest erscheint, mit etwas Fleischbrühe verdünnen.
Die fertige Sauce sollte einen ausgewogenen, angenehmen, süßsauren Geschmack haben und nicht zu fest sein.
Ca. 50 g Schalottenwürfel in dem Rotwein mit etwas Zucker und 1 Prise Salz weich dünsten, bis die Schalotten eine schöne dunkle Farbe haben; sie dienen später als Dekoration für das fertige Gericht.
Den gekochten Tafelspitz quer zur Faser in ca. 1 cm dicke Tranchen schneiden, warmen Kartoffelsalat auf einem vorgewärmten Teller anrichten, das Fleisch obenauf setzen, mit der fertigen Zwiebelsauce locker übergießen, auf das Fleisch einen Tupfer von den Rotweinschalotten setzen.
Alles leicht mit Schnittlauchröllchen überstreuen.

Warmer Kartoffelsalat

für 4 Personen

Zubereitung

400 g kleine Pellkartoffeln nicht zu weich kochen, gepellt in dünne Scheiben schneiden.
¼ l Rinderbrühe mit 1 Prise Zucker, etwas Pfeffer, Salz, Weinessig aufkochen.
Kartoffelscheiben hineingeben und unter stetem Schwenken Bindung verleihen.
Nochmals abschmecken, darf nicht zu säuerlich schmecken, mit Schnittlauch verfeinern, mit einem guten Schuss hochwertigem Pflanzenöl vollenden. Der Kartoffelsalat darf nicht zu weich sein, aber die Kartoffelscheiben sollten eine leicht cremige Bindung haben.

Rouladen vom Rinderfilet oder Roastbeef

für 4 Personen

Zutaten

8 Scheiben je ca. 80–100 g	Rinderfilet
	Salz und Pfeffer aus der Mühle, Zucker, Öl
	Muskat
ca. 2 EL	grober Dijonsenf
8 Scheiben	Parma-, Serrano- oder westfälischer Schinken
ca. 100 g	feinst gehackte Schalotten
	Rotwein
ca. 100 g	fein gehackter, blanchierter Blattspinat

Für die Füllung

Fein gehackte Schalotten mit Rotwein bedecken, mit 1 Prise Zucker würzen. Einkochen lassen, bis die Flüssigkeit verdampft ist und die Schalottenwürfel eine schöne rote Farbe haben, dann mit etwas Salz und Pfeffer würzen. Den feingehackten, blanchierten Spinat mit etwas Salz, Pfeffer, Muskat würzen, mit den Schalottenwürfeln vermischen.
Ca. 1 EL gekochte Schalottenwürfel für die Sauce übrig lassen.

Zubereitung

Filetscheiben zwischen Klarsichtfolie flach klopfen, salzen und pfeffern.
Die plattierten Filetscheiben ausbreiten, mit etwas Salz und Pfeffer würzen, mit dem groben Dijonsenf bestreichen, Schinkenscheiben darauflegen, die Füllung darauf verstreichen, an den Rändern leicht einschlagen, aufrollen, mit dem Bindfaden befestigen. In Butterschmalz, Rapskernöl oder ähnlichem Fett anbraten und im ca. 160 °C heißen Ofen ca. 8 Min. garen lassen, damit das Fleisch noch etwas rosafarben ist.
Aus der Pfanne nehmen. Warm stellen.

Sauce für Rouladen

Zutaten

300 ml	brauner Rinderfond
je 50 ml	Rotwein und Portwein
	Salz und Pfeffer
	etwas feiner Dijonsenf, Zucker, evtl. Balsamico

Zubereitung

Rotwein und Portwein in die Rouladenpfanne geben, ca. 50 % einkochen lassen, mit dem Senf und dem braunen Rinderfond verkochen, mit etwas Salz, Pfeffer, 1 Prise Zucker, evtl. einigen Tropfen gutem Balsamico abschmecken. Durchsieben.
Die Schalotten und evtl. frisch gehackte Petersilie zugeben. Rouladen in der Mitte schräg tranchieren, mit der Schnittfläche nach oben anrichten.
Mit der Sauce und evtl. Risotto, Polenta, Kartoffelpüree, Nudeln oder Spätzle und Gemüse servieren.

Rouladen vom Kalb
Involtini di vitello

für 4 Personen

Zutaten

8 je 100 g	Kalbsschnitzel aus der Oberschale
	Salz und Pfeffer aus der Mühle
1	Knoblauchzehe
6	Sardellenfilets in Öl
20 g	Kapern
100 g	Parmaschinken
3 EL	gehackte Petersilie
2 EL	passierte Tomaten
30 g	Semmelbrösel
30 g	weiche Butter
	Mehl, Butterschmalz

Zubereitung

Kalbsschnitzel zwischen Klarsichtfolie flach klopfen, salzen und pfeffern.

Knoblauchzehe schälen und fein hacken, Sardellenfilets und Kapern abspülen, ebenfalls fein hacken, den Parmaschinken fein würfeln. In einer Schüssel den Schinken, die gehackten Knoblauchzehen, Kapern, Sardellenfilets, die Petersilie und die passierten Tomaten mit den Semmelbröseln mischen, salzen und pfeffern und die weiche Butter untermischen.

Die plattierten Kalbsschnitzel ausbreiten, die Füllung mit einer Palette aufstreichen, die Schnitzel an den Rändern leicht einschlagen und aufrollen. Mit Zahnstochern feststecken, damit die Füllung nicht austreten kann. Leicht mit Mehl bestäuben. Die Rouladen in einer großen Pfanne in Butterschmalz oder ähnlichem Fett kurz anbraten, die Hitze reduzieren und die Röllchen in ca. 10–15 Min. unter stetigem Wenden garen.

Münsterländer Töttchen nach meiner Art

für ca. 4-6 Personen

Zutaten

1 St.	frische Kalbszunge
300 g	Kalbfleisch (Schulter oder Haxe)
ca. 300 g	Suppengrün (Lauch, Möhre, Sellerie, glatte Petersilie)
1	Zwiebel, gespickt mit 2 Lorbeerblättern und 2 Nelken
ca. 10	Pefferkörner
ca. 3 EL	Weißweinessig
2 EL	Salz
ca. 1 ½ l	Wasser

Zubereitung

Wasser mit dem gewaschenen und grob zerkleinerten Suppengrün, der gespickten Zwiebel und dem Salz, Essig sowie den Pfefferkörnern zum Kochen bringen.
Das gewaschene Fleisch und die Zunge hineingeben, einmal aufwallen lassen, evtl. abschäumen und danach bei 80-85 °C ca. 2-3 Std. behutsam garen. Brühe zwischendurch mit etwas Salz und Essig nachschmecken, damit das Fleisch von Anfang an eine gute Würze erhält.
Das Fleisch aus dem Sud nehmen.
Die weiße Haut der Zunge unter kaltem Wasser abziehen und die Zunge und das Fleisch in einem flachen Gefäß etwas pressen, damit man nachher schöne Scheiben und Würfel erhält.
Das Fleisch und die Zunge nach dem Auskühlen in ca. 1 cm große Würfel schneiden.
Wird das Töttchen als kleine Vorspeise gewählt, die Würfel nur 0,5 cm groß schneiden.

Zutaten für die Sauce

2 EL	Butter
2 EL	Mehl
ca. ½ l	Kochsud von der Kalbszunge
125 g	Sahne
1 EL	Kapern
1 EL	Senf (Dijonsenf)
	Salz, Worcestersauce
3 EL	Zitronensaft
2 EL	gehackte Petersilie
	1 Eigelb und 1 EL Sahne, verrührt (Liaison)

Zubereitung

Butter im Topf zerlassen, Mehl einrühren, etwas anschwitzen und mit ca. ½ l durchgesiebtem Kochsud auffüllen. Mit dem Schneebesen glatt rühren und aufkochen. Sahne zugeben und mit den Gewürzen und restlichen Zutaten abschmecken. In die heiße Sauce die Fleischwürfel geben, erhitzen, aber nicht mehr kochen. Nochmals mit Salz, Pfeffer, Senf, Worcestersauce und Zitronensaft nachschmecken. Das Töttchen sollte leicht cremig, aber nicht zu dick und keinesfalls pampig sein.
Zum Schluss die Liaison in das heiße Töttchen einrühren, dadurch bekommt es eine noch elegantere leichte Cremigkeit. Jetzt darf es auf keinen Fall mehr aufkochen.

Mit gehackter Petersilie bestreuen und mit Brötchen oder im Blätterteigpastetchen servieren, nach Belieben auch mit Kartoffeln und Gewürzgurken.

Braunes Kalbsragout

für 6-8 Personen

Zutaten

pro Person

200 g	Kalbsschulter oder -hals, in 3 cm große Würfel geschnitten
3-4 EL	Mehl
	Pfeffer, Salz
1	Möhre, in 1 cm großen Würfeln
	die gleiche Menge Selleriewürfel
2	Zwiebeln, gewürfelt
1 EL	Tomatenmark
ca. ¼ l	Weißwein
¾ l	brauner oder heller Kalbsfond oder anderer Fond
1	Kräutersträußchen aus Petersilie, Lorbeerblatt, Thymian, Knoblauchzehe
	Senf, Kapern, klein gehackte Sardellenfilets, Zitronensaft
	gehackte Petersilie und Schnittlauch
¼ l	Sahne

Zubereitung

Fleisch abspülen und trocken tupfen, pfeffern und salzen. In dem Mehl wenden, überschüssiges Mehl abklopfen. Das Fleisch in einer Kasserolle oder Pfanne gut anbraten, so dass es eine schöne Farbe hat. In einer zweiten Kasserolle die Gemüse- und Zwiebelwürfel anbraten, das Tomatenmark zugeben, mit dem Weißwein ablöschen (man kann auch Rotwein verwenden, wenn das Ragout dunkel bleiben soll).
Die angebratenen Fleischstücke zu den Gemüsen geben, alles gut vermischen und mit einem Kalbsfond oder anderem Fond auffüllen, das Kräutersträußchen zugeben.

Zugedeckt im Backofen bei ca. 150 °C weich schmoren, das Fleisch mit einer Gabel aus der Sauce stechen. Die Sauce mit etwas Saucenbinder leicht andicken. Die Sauce durch ein Sieb geben, das mitgeschmorte Gemüse mit durchpassieren. Die Sauce nach Belieben mit Senf, Kapern, Kräutern und Zitronensaft oder gehackten Sardellenfilets abschmecken. Evtl. mit etwas Sahne verfeinern. Die heiße Sauce auf die Fleischwürfel geben und das Ragout sanft erwärmen.
Nicht Kochen lassen.
Frisch gebratene Pfifferlinge, Steinpilze oder andere Pilze zugeben und mit gehackter Petersilie und Schnittlauch vollenden. Mit Nudeln oder Spätzle servieren.

Eingemachtes Kalbfleisch

Badisches Gericht (franz. Blancmanger)

Zutaten

Fleisch	wie links angegeben
100 g	helle Lauchstreifen
100 g	Zwiebelstreifen
50 g	Butter
¾ l	heller Fond
¼ l	trockener Weißwein
¼ l	Sahne
1	Kräutersträußchen aus Thymian, Lorbeer, Petersilie und evtl. Knoblauchzehe
	Salz, Pfeffer, Mehl
	Zitronensaft, Kapern
	gehackte Petersilie, Schnittlauch

Zubereitung

Fleischstücke wie links angegeben abspülen etc., Zwiebel- und Lauchstreifen in Butter hell andünsten, die rohen Fleischwürfel darauf geben, alles gut anschwitzen, ohne Farbe nehmen zu lassen, pfeffern und salzen, 2-3 EL Mehl über das Fleisch stäuben, mit anschwitzen, mit kaltem hellem Kalbsfond oder anderer Brühe und dem Weißwein bedecken, bis zum Aufkochen gut umrühren.
Dann das Kräutersträußchen zugeben und alles zugedeckt langsam im Ofen weich schmoren. Die fertigen Fleischstücke herausheben, die Sauce mit Sahne auffüllen und auf die Fleischstücke sieben, mit etwas Zitronensaft, Kapern, gehackten Kräutern nach Belieben abschmecken. Frisch gebratene Champignons, Pfifferlinge etc. zugeben und mit Nudeln oder Spätzle servieren.

Geschmorter Kalbstafelspitz

für 4 Personen

Zutaten

ca. 1,5 kg	Kalbstafelspitz
	wenn vorhanden evtl. 500 g gehackter Kalbsschwanz oder Kalbsknochen
	Salz, frisch gemahlener Pfeffer, Mehl, Öl zum Anbraten
100 g	Zwiebeln oder Schalotten in walnussgroßen Stücken
je 100 g	Möhren und Sellerie in walnussgroßen Stücken
1 EL	Tomatenmark
2	Knoblauchzehen
2	Lorbeerblätter
1 Zweig	Thymian
½ l	Kalbsfond oder Brühe
1 FL	Rotwein
	etwas Sahne, Petersilie

Zubereitung

Tafelspitz von Sehnen befreien, in dem Öl anbraten, das Fleisch herausnehmen. Den Kalbsschwanz oder die Knochen und die Sehnen in den Brattopf geben, kräftig anrösten, das Gemüse zugeben, mit anrösten und mit etwas Rotwein ablöschen, wieder einkochen lassen und diesen Vorgang dreimal wiederholen, dann das Tomatenmark und die anderen Gewürze zugeben. Kalbsfond angießen. Jetzt den Tafelspitz mit Pfeffer und Salz würzen und in den Saucenansatz geben. Zugedeckt bei ca. 120 °C in ca. 2 Std. weich schmoren. Braten herausnehmen. Die Sauce nachschmecken und evt. mit etwas Sahne verfeinern, durchsieben, mit frisch gehackter Petersilie vollenden.

Den Tafelspitz etwas abkühlen lassen. Dann in Scheiben schneiden und in der fertigen Sauce warm halten. Darf nicht mehr kochen!

Mit Spätzle, Nudeln, Kartoffelpüree etc. servieren.

Geschmorter Kalbstafelspitz all'Ossobuco

für 4 Personen

Zutaten

ca. 1,5 kg	Kalbsnacken oder Kalbstafelspitz, auch Schweinenacken ist möglich
	Salz, frisch gemahlener Pfeffer, Mehl, Butterschmalz zum Anbraten
4 EL	Olivenöl
600 g	reife Tomaten
100 g	gehackte Zwiebeln oder Schalotten
je 100 g	Möhren- und Selleriestifte
2	Knoblauchzehen
2	Lorbeerblätter
½ l	trockener Weißwein
½ l	Kalbsfond
2 TL	Thymian

Für die Gremolata

1	Knoblauchzehe
3 EL	gehackte, möglichst glatte Petersilie
2	Abrieb von unbehandelten Zitronen

Zubereitung

Das Fleisch waschen, trocken tupfen, in einer Kasserolle oder Bratpfanne bei milder Hitze in Butterschmalz von allen Seiten anbraten, herausnehmen. Jetzt das Fleisch salzen und pfeffern.
Die Tomaten enthäuten, entkernen und vierteln.
Die Zwiebelwürfel in der Kasserolle oder Bratpfanne mit etwas Olivenöl kurz anschwitzen, die Möhren- und Selleriestifte ebenfalls anschwitzen, den Knoblauch möglichst klein schneiden und mit dem Lorbeer zugeben.
Das angebratene Fleisch in die Kasserolle auf die Gemüse geben, mit dem Weißwein und Kalbsfond angießen, die Tomatenviertel und den Thymian zugeben, und in ca. 2 Std. bei ca. 120 °C weich schmoren. Zwischendurch immer wieder mit der Sauce begießen und das Fleisch wenden.

Für die Gremolata die Knoblauchzehe schälen, sehr fein hacken, die Petersilie und die Zitronenschale zufügen, alles gut miteinander vermischen.
2-3 Min. vor Ende der Garzeit die Gremolata auf das Fleisch streuen, fertig schmoren. Das Fleisch mit der Sauce und den Gemüsestreifen servieren. Die Sauce evtl. mit etwas angerührter Speisestärke leicht binden.

Beilage: Risotto, Thymiankartoffeln, Teigwaren

Piccata vom Lammrücken mit Salbei

I. (Am Tag vorher zubereiten)

Lammrücken auslösen. Die gehackten Knochen anbraten, 3 Zwiebeln, geviertelt, 1 Möhre in walnussgroßen Stücken, die gleiche Menge Selleriestücke mitrösten, einige Pfefferkörner, 1 Lorbeerblatt, 3 Koblauchzehen, 1 EL Tomatenmark zugeben mit Rotwein ablöschen, einkochen, mit Wasser gut bedeckt auffüllen, ca. 3 Std. köcheln lassen, nach ca. 1 Std. Rosmarin und Thymian zugeben, alles durchköcheln lassen. Durch ein feines Sieb oder Tuch passieren.
Den Fond nochmals reduzieren.

II.

Den ausgelösten Lammrücken von allen Sehnen befreien. Fleisch in kleine Medaillons schneiden, etwas klopfen, mit Salz und Pfeffer würzen, in Mehl wenden, gut abklopfen, in Butterschmalz und Olivenöl zusammen mit 1 Knoblauchzehe nicht zu scharf anbraten und warm stellen.

III.

Das Bratfett aus der Pfanne, in der die Lammpiccata gebraten wurde, abgießen, mit Rotwein kurz loskochen, etwas von dem vorbereiteten reduzierten Fond, reichlich Salbeiblätter, Tomatenwürfel und gutes Olivenöl einrühren, nicht mehr kochen lassen, abschmecken, auf die Lammpiccata geben.

Beilagen:
Polenta, Rosmarinkartoffeln, geschmorte Zucchini, weiße Bohnen.

Lammschulter aus dem Ofen
(mallorquinisch)

für 4-6 Personen

Zutaten

1	Lammschulter
ca. 4	Möhren
½	Sellerieknolle oder Staudensellerie
3	Zwiebeln
3	geschälte Kartoffeln, evtl. Zucchinischeiben
2	Lauchstangen
2	Tomaten
1 Zweig	Rosmarin
1 Zweig	Thymian
4	Knoblauchzehen
	Salz, Pfeffer, Olivenöl
ca. 250 ml	Bier

Zubereitung

Lammschulter auslösen lassen, man kann sie aber auch mit den Knochen zubereiten. Das Fleisch abspülen, salzen und pfeffern, eine Schmorpfanne mit Olivenöl ausfetten, das Fleisch hineinlegen. Gemüse in Scheiben oder Würfel schneiden, mit den Kräutern hinzugeben, das Gemüse ebenfalls mit Salz und Pfeffer würzen und mit etwas Bier angießen.

Bei milder Hitze von 110 °C ca. 2-3 Std. im Backofen garen, zwischendurch evtl. noch etwas Bier angießen. Wenn das Fleisch weich ist, aus dem Ofen nehmen, die Gemüse, die jetzt sehr weich sind, können mit dem Fleischsaft gleichzeitig als Beilage und Sauce verwandt werden. Oder man püriert einen Teil des Gemüses mit dem Fond und hat so eine Gemüsesauce.

Als weitere Beilage kann man Brot oder in der Schale gegarte Kartoffeln reichen.

Diese Zubereitung eignet sich auch für Schweinefleisch oder Geflügel.

Geschmorte Spanferkelbäckchen all'Ossobuco

für 6-8 Personen

Zutaten

ca. 1,5 kg	Spanferkel- oder Kalbsbäckchen
	Salz, frisch gemahlener Pfeffer, Mehl, Butter, Olivenöl
600 g	reife Tomaten
100 g	gehackte Zwiebeln oder Schalotten
je 100 g	Möhren- und Selleriestifte
2	Knoblauchzehen
2	Lorbeerblätter
½ l	trockener Weißwein
½ l	brauner Fond
2 TL	Thymian

Für die Gremolata

1	Knoblauchzehe
3 EL	gehackte Petersilie
2	Abrieb von unbehandelten Zitronen

Zubereitung

Das Fleisch waschen, trocken tupfen, mit Salz und Pfeffer würzen, in einer Kasserolle oder ofenfesten Pfanne bei milder Hitze in Butter anbraten, herausnehmen.
Die Tomaten enthäuten, entkernen und vierteln. Die Zwiebelwürfel, die Möhren- und Selleriestifte in der Kasserolle mit Olivenöl kurz anschwitzen, den kleingeschnittenen Knoblauch mit dem Lorbeer zugeben.
Das angebratene Fleisch wieder in die Kasserolle auf die Gemüse geben, mit dem Weißwein und braunen Fond angießen, die Tomatenviertel und den Thymian zugeben, und in ca. 1-1,5 Std. bei ca. 130 °C weich schmoren. Zwischendurch das Fleisch wenden.

Für die Gremolata die Knoblauchzehe schälen, sehr fein hacken, die Petersilie und die Zitronenschale zufügen, alles gut miteinander vermischen.
2-3 Min. vor dem Ende der Garzeit die Gremolata auf die fertigen Fleischstücke streuen, fertig schmoren. Das Fleisch mit der Sauce servieren.

Beilage: Risotto

Das gleiche Rezept kann mit Kalbshaxenscheiben (das wäre das Original), mit Lammhaxenscheiben oder Lammsteaks aus dem Nacken zubereitet werden. Evtl. verlängert sich die Schmorzeit, was durch eine Garprobe festgestellt werden kann.

Gerichte von Geflügel, Federwild und Haarwild gehören zu den Höhepunken eines Essens. Sie sorgfältig und fachmännisch zuzubereiten macht gelegentlich etwas Arbeit, lohnt aber den Aufwand, denn Geflügel etwa gefüllt mit Farce in einer Sauce mit Früchten lässt sich schwerlich übertreffen.

Geflügel und Wild

Poulardenbrust in Rotwein-Schalotten-Sauce mit geschmortem Frühwirsing und Pfifferlingen

Zutaten

4	Poulardenbrüste, möglichst mit Haut und Flügelknochen
2	kleine Wirsingköpfe
2	Schalotten, fein gehackt
	Muskat, Salz, Pfeffer, Zucker, Mehl
$\frac{1}{4}$ l	Brühe
4 cl	roter Portwein
4 cl	Rotwein
$\frac{1}{8}$ l	Bratenjus
$\frac{1}{8}$ l	Sahne
70 g	Butter, etwas Öl zum Braten
200 g	frische Pfifferlinge, gewaschen und geputzt
2	Tomaten, gehäutet, entkernt und in Würfel geschnitten
ca. 4 EL	frische Kräuter wie Schnittlauch, Petersilie, Kerbel

Zubereitung

Wirsingköpfe von den Außenblättern befreien, vierteln. Zwiebel in Butter anschwitzen. Kohlviertel einlegen, mit wenig Salz und Muskat würzen, Brühe angießen, mit Deckel 10 Min. in der Pfanne schmoren, bis der Kohl weich, aber nicht verkocht ist.

Poulardenbrüste mit Pfeffer und Salz würzen, in Mehl wenden, mit der Hautseite zuerst anbraten, bis die Haut gut gebräunt ist, wenden, in den 180 °C heißen Ofen schieben und ca. 7 Min. garen, herausnehmen, warm stellen.
Etwas Zucker in einen Topf geben, leicht bräunen, mit Rotwein und Portwein ablöschen, klein gehackte Schalotte zugeben, einkochen, mit etwas Bratenjus und Sahne verkochen, abschmecken.
Die geputzten Pfifferlinge in heißer Pfanne mit etwas Olivenöl unter stetem Schwenken kurz anbraten, mit Salz und Pfeffer würzen, aus der Pfanne nehmen, damit die Pilze möglichst trocken bleiben.
Die geschmorten Kohlherzen anrichten, in dem verbliebenen Gemüsesud die Tomatenwürfel und Kräuter erhitzen, über den Kohl geben.
Die Poulardenbrüste fächerartig tranchieren, auf Teller geben, mit der Rotwein-Schalotten-Sauce überziehen.
Die gebratenen Pfifferlinge auf den Poulardentranchen platzieren.

Als Beilage: Spätzle, Kartoffel oder Nudeln.

Traditioneller Gänsebraten

für 4-6 Personen

Zutaten

1 4-5 kg	Hafermastgans
	Gänseflügel, Hals, Magen (Gänseklein)
4	mittelgroße Zwiebeln
4	Boskopäpfel
1	Bund Majoran,
	Pfeffer, Salz,
	Lorbeerblatt, Basilikum
	etwas Gänseschmalz
¼ l	Rotwein
⅛ l	Portwein
1 l	Brühe oder Wasser

Zubereitung

Zunächst einen Saucenfond herstellen: Gänseklein in walnussgroße Stücke zerteilen, in Gänseschmalz oder eigenem Gänsefett anbraten. Eine geviertelte Zwiebel und einen geviertelten Apfel zugeben, alles anbräunen lassen, etwas Zucker beifügen, karamellisieren, vorsichtig mit Rotwein ablöschen, einkochen, nochmals mit Portwein ablöschen. Pfefferkörner, Basilikum, Lorbeerblatt zugeben, ca. 1 l Brühe oder Wasser angießen und köcheln lassen.

Die Gans in lauwarmem Wasser gründlich waschen. Abtrocknen, mit Pfeffer und Salz innen würzen.

2 Äpfel und 2 Zwiebeln vierteln und in Gänseschmalz anschwitzen, in die Gans füllen, Majoran zugeben, Gans zubinden. Backofen auf 160 °C vorheizen, Bratgefäß mit ½ l Wasser füllen, Gans auf der Brust liegend in die Pfanne legen, etwas Salz mit ins Wasser geben, 1 geviertelten Apfel und 1 Zwiebel mit in die Pfanne legen. Die Gans in dieser Lage ca. 1,5 Std. braten, zwischendurch begießen und mit feiner Nadel ringsum anstechen, damit das Fett ausbraten kann. Danach die Gans auf den Rücken legen und ca. 1 Std. bei 180-190 °C weiterbraten, immer wieder begießen, evtl. etwas Wasser nachfüllen. Wenn sich die Keulen weich anfühlen, ist die gesamte Gans fertig.

Fett aus der Bratpfanne abgießen, den Bodensatz mit Wasser oder Rotwein lösen, zu dem vorbereiteten Saucenfond geben. Sauce stark einkochen, nach Geschmack mit etwas Honig und Balsamico abschmecken.

Die Sauce sollte süß schmecken mit leichter Säure. Sauce evtl. mit etwas Saucenbinder andicken, sie darf aber nicht dicklich sein.

Beilagen: Rotkohl, Bratapfel, Kartoffelklöße.

Geschmorte Perlhuhnrouladen mit Pilzen

Zubereitung
Perlhuhnkeulen auslösen. Die klein gehackten Knochen werden in Öl angebraten, man gibt haselnussgroße Stücke von je ca. 30 g Zwiebeln, Möhren und Sellerie dazu, lässt alles gut anrösten. Dann 20 Pfefferkörner, 1 Lorbeerblatt, ½ EL Tomatenmark, evtl. etwas Knoblauch, 1 Thymianzweig und Abschnitte von Pilzen, evtl. Steinpilzen, auch getrocknet, zufügen, alles braun anschmoren und mit ¼ l Rotwein und ½ l braunem Bratensaft auffüllen.
Man lässt alles ca. 30 Min. sanft köcheln.

Die ausgelöste Perlhuhnkeule mit der Hautseite auf die Arbeitsfläche legen und innen mit Salz und Pfeffer würzen.
Aus klein gehackten Pilzen, die man in etwas Olivenöl mit wenig Knoblauch, anbrät, mit Salz, Pfeffer, evtl. Thymian, Estragon oder Basilikum würzt und evtl. einigen mit Tomatenfleischwürfeln, gehackter Petersilie oder einigen Kapern anreichert, eine Füllung zubereiten, die mit etwas geriebenem Weißbrot oder Paniermehl gebunden wird. Diese Füllung gibt man in die Perlhuhnkeulen (auch Poulardenkeulen sind möglich), rollt das Fleisch zu einer Roulade und bindet es mit Garn zusammen oder befestigt es mit einem Zahnstocher.
Die Rouladen werden nun in Butterschmalz oder Öl angebraten und dann in die vorbereitete Sauce gelegt.

Im vorgeheizten Backofen lässt man alles bei 120 °C ca. 45 Min. gar schmoren. Die Rouladen sind fertig, wenn man eine feine Nadel hineinsticht und kein Widerstand mehr spürbar ist. Dann nimmt man die Rouladen aus der Sauce, stellt sie abgedeckt in den ausgeschalteten Backofen zurück, damit sie in der Restwärme warm gehalten werden. Die Sauce etwas einkochen, mit Saucenbinder oder angerührter Speisestärke leicht abbinden und durch ein Sieb geben. Nun kann man die Sauce vollenden: mit angebratenen Pilzstücken, mit Tomatenfleischwürfeln, mit Kräutern wie Estragonblättchen oder Basilikumstreifen und blanchierten Gemüsestücken, ganz nach Belieben.

Zum Servieren schneidet man die Rouladen schräg in zwei Hälften und serviert Gemüse wie Rotkohl, Spitzkohl, etc. sowie Nudeln, Kartoffeln oder Spätzle dazu.

Huhn nach Elsässer Art

für 4 Personen

Zutaten

1	junges Huhn oder Perlhuhn
2	Schalotten, gewürfelt
1	Knoblauchzehe
ca. ½ l	Elsässer Riesling
1 Stange	Lauch
1	Kräutersträußchen aus Petersilie, Tymian, Lorbeerblatt
150 g	frische Champignons
	Muskat, Salz, Pfeffer
½ l	Sahne
	Butterschmalz zum Anbraten, Salz, Pfeffer, gehackte Petersilie und Schnittlauch

Zubereitung
Das Huhn in 4 Teile zerlegen, 2 Keulen und 2 Brüste. Aus der restlichen Karkasse ca. 1 l Fond kochen (wie eine Hühnersuppe). Die Geflügelviertel pfeffern und salzen, in Mehl leicht wenden, in Butterschmalz anbraten. Geflügelstücke herausnehmen, in der Pfanne die gewürfelten Schalotten, die zerdrückte Knoblauchzehe angehen lassen, mit etwas Riesling ablöschen, die Geflügelstücke wieder hineinlegen, die gewaschene Lauchstange, das Kräutersträußchen, einige Champignons dazugeben, mit dem restlichen Riesling, der Sahne und etwas Hühnerfond auffüllen, mit frisch gemahlenem Pfeffer und Salz nachwürzen und im Ofen bei ca. 120 °C ca. 30–40 Min. gar ziehen lassen. Die Geflügelstücke herausnehmen, in ein Serviergefäß geben, die Sauce nochmals nachschmecken, mit frisch gehackten Kräutern und den restlichen angebratenen Champignonscheiben vollenden. Auf die Geflügelstücke geben.
Mit Salat und breiten Nudeln servieren.

Coq au vin

Zutaten

1 ca. 1,6–1,8 kg	Poularde, küchenfertig
2 EL	Pflanzenöl zum Anbraten
60 g	Bacon
50 g	Butter
1	Knoblauchzehe
150 g	Zwiebelwürfel
100 g	Möhrenwürfel
1 FL	roter Burgunder oder anderer Rotwein
2	Lorbeerblätter
1	Kräutersträußchen aus Majoran, Thymian, Petersilie
	Salz, Pfeffer
2 EL	Tomatenmark
200 g	frische Champignons

Zubereitung

Poularde waschen, trocknen, in 8 Teile zerlegen, salzen und pfeffern, den gewürfelten Speck im Öl anbraten, Fett abgießen, Butter zugeben, die Poulardenteile gut anbraten.
Die angedrückte Knoblauchzehe, die Zwiebel- und Möhrenstücke dazugeben, mit anschwitzen, den Wein zugeben, das Kräutersträußchen, die Lorbeerblätter und das Tomatenmark zugeben.
Den Topf schließen, im vorgeheizten Ofen bei 150 °C ca. 40–50 Min. schmoren lassen, bis das Fleisch weich ist. Die geputzten Champignons zugeben, bei offenem Topf ca. weitere 10 Min. garen. Sauce nach Wunsch passieren oder mit Einlage servieren.
Aus den Karkassen kann vorweg ein Geflügeljus gekocht werden, den man zusätzlich zum Wein mit auffüllt.

Man kann die Poulardenteile 2 Tage vorher marinieren, was dem Gericht einen noch kräftigeren Geschmack gibt. Poularde auslösen wie oben.

Marinade

Zutaten

100 g	Zwiebelwürfel
100 g	Staudensellerie in Scheiben
50 g	gewürfelte Möhren
2	Gewürznelken, etwas Thymian und Rosmarin
1	Lorbeerblatt
1 FL	kräftiger Rotwein
1	angedrückte Knoblauchzehe
ca. 10	Pefferkörner
2 TL	Tomatenmark, Mehl
1	Kräutersträußchen
150 g	Crème fraîche
60 g	Bacon
	Öl, Butter

Zubereitung

Die Poulardenteile in ein flaches Geschirr legen, das Gemüse und die Gewürze zugeben, mit dem Rotwein begießen, bis alles gut bedeckt ist. Mit Folie verschließen, 2 Tage marinieren. Geflügelteile aus der Marinade nehmen, abtropfen lassen, in Butter und Öl anbraten, dabei die zerhackten Knochen, die auch mit mariniert wurden, mit anbraten, die Geflügelteile herausnehmen. Das abgetropfte, marinierte Gemüse und 2 TL Tomatenmark in die Pfanne geben, mit ca. 2 TL Mehl bestäuben und etwas anbräunen lassen, mit der getrennt aufgekochten und abgeschäumten Marinierflüssigkeit ablöschen. Mit ca. ¾ l Wasser auffüllen, Kräutersträußchen aus Thymian, Lorbeerblatt und Petersilie zufügen, bei offenem Topf ca. 30 Min. kochen lassen.
Die Poulardenteile wieder einlegen, weitere 30 Min. köcheln lassen, evtl. im geschlossenen Topf, bis das Fleisch weich ist. Das Geflügel herausnehmen, die Sauce durch ein Sieb passieren, dabei das Gemüse und andere Ingredienzien gut ausdrücken, mit 150 g Crème fraîche verrühren, mit Salz, Pfeffer und etwas Zitronensaft herzhaft abschmecken.

Das Geflügel in die Sauce geben, mit dem knusprig ausgebratenen Bacon garnieren, mit gehackter Petersilie überstreuen.

Ente aus dem Ofen in Honig-Pfeffer-Sauce

für 4 Personen

Zutaten

2 ca. 1,3–1,5 kg	Barbarie-Enten, weiblich
3	Boskopäpfel
3	mittelgroße Zwiebeln
¼ l	Rotwein
⅛ l	Portwein
	Majoran, Lorbeer, Pfeffer, Salz, Gänseschmalz

Zubereitung

Entenflügel und Hälse abtrennen, in walnussgroße Stücke zerteilen und anbraten. 1 geviertelte Zwiebel und 1 geviertelten Apfel zugeben, alles anbräunen lassen, etwas Zucker darüberstreuen, karamellisieren. Vorsichtig mit Rotwein ablöschen, einkochen, nochmals mit Portwein ablöschen. Pfefferkörner, Majoran und das Lorbeerblatt zugeben, ca. ¾ l Brühe oder Wasser zugeben, köcheln lassen, am Ende durchsieben.

Die Enten in lauwarmem Wasser gründlich waschen, abtrocknen, mit Pfeffer und Salz innen würzen, 2 Äpfel und 2 Zwiebeln vierteln, mit Majoran in die Enten füllen, Enten zubinden.
Backofen auf 150 °C vorheizen, die Enten mit etwas Fett einreiben, auf dem Rücken liegend in die Pfanne geben, ca. 1,5 Std. im Ofen braten, zwischendurch wenden und begießen, evtl. mit leicht gesalzenem Wasser beträufeln. Dann den Ofen noch ca. 20 Min. auf 200 °C stellen und die Enten kross bräunen. Jetzt aber aufpassen, damit sie nicht zu dunkel werden. Wenn sich die Keulen weich anfühlen und eine schöne Bräunung da ist, sind die Enten fertig.
Fett aus der Bratpfanne abgießen, den Bodensatz mit Wasser oder Rotwein lösen, zum vorbereiteten Fond geben. Sauce einkochen, nach Geschmack mit etwas Honig, einigen grünen Pfefferkörnern und Balsamico abschmecken; sie sollte pikant süß schmecken mit leichter Säure.

Sauce evtl. mit etwas Saucenbinder leicht abbinden.

Geschmortes Hirsch- oder Wildragout in Rotwein

für 6 Personen

Pro Person ca. 200 g Wildfleisch – am besten aus der Schulter (Blatt).

Fleisch mit kaltem Wasser abspülen, abtrocknen und von groben Sehnen oder Fett befreien (nicht entsorgen) und in ca. 4 cm große Würfel schneiden.
Die Fleischwürfel pfeffern und salzen. Leicht in Mehl wenden, das überschüssige Mehl abklopfen. Die Fleischwürfel in Butterschmalz anbraten, nicht zu heftig, sondern nur bis zu einer leichten Bräunung.

In einem zweiten Bräter die Wildabschnitte wie Sehnen, Fett, Knorpel, etc. in etwas Butterschmalz gut anbraten.

Dann 150 g Zwiebelwürfel, je 100 g Sellerie- und Möhrenwürfel – alles etwa haselnussgroß geschnitten – dazugeben, mitrösten.

1 ELTomatenmark, 1 Sträußchen Thymian, 1 Lorbeerblatt, ca. 8 Wacholderbeeren, 15 Pfefferkörner, 3 Pimentkörner (leicht gemörsert) hinzufügen, ebenfalls leicht mit anrösten

Alles mit ca. 200 ml Rotwein ablöschen und wieder einkochen lassen. Diesen Vorgang ca. 2- bis 3-mal wiederholen, so dass ca. 1 FL Rotwein verbraucht wird. Dann ca. 1 l neutralen Bratensaft oder Wasser aufgießen, ca. ½ Std. köcheln lassen. In diesen Sud die angebratenen Wildfleischstücke geben, einmal aufkochen lassen. Dabei mehrfach umrühren. Abgedeckt in den Backofen stellen und ca. 1,5 Std. bei ca. 120 °C sanft schmoren lassen.
Wenn die Fleischstücke weich geschmort sind, mit einer Gabel in einen anderenTopf umstechen. Dabei kontrolliert man, ob das Fleisch auch wirklich weich ist.
Die Sauce mit etwas Johannisbeergelee, Preiselbeeren, Balsamico etc. ganz nach Belieben abschmecken, evtl. mit etwas saurer oder süßer Sahne verfeinern und auf die Fleischstücke sieben.
Das Ragout wieder erwärmen, aber nicht mehr kochen lassen. Nochmals endgültig abschmecken.

Mit Spätzle, Klößen, Kartoffelpüree, Rotkohl, Apfelmus, gebratenen Pilzen usw. servieren.

Nach diesem Grundprinzip kann man alle Ragouts vom Kalb und Rind zubereiten.

Rehkeule

mit Niedrigtemperatur gegart

Zubereitung

Rehkeule in 4 Teile zerlegen (Oberschale, Fricandeau, große Nuss, kleine Nuss). Die Fleischteile gründlich von Sehnen und Fett befreien. Mit Salz und Pfeffer würzen. Leicht in Mehl wenden, in nicht zu heißem Fett rundherum anbraten.
Im Ofen ca. 60-80 Min. bei ca. 85 °C garen - Nadelprobe machen: eine Stricknadel in das dickste Fleischstück stechen. Die Nadel über die Oberlippe führen. Man spürt genau den Wärmeunterschied:

kalt = roh
lauwarm = englisch
gut warm = medium

Das Rehfleisch sollte im Kern gut warm sein. Dann das Fleisch herausnehmen, Ofen ausstellen, Fleisch in ein Gefäß geben, leicht abdecken, im etwas abgekühlten Ofen ca. 10 Min. ruhen lassen. Den ausgetretenen Fleischsaft in die Sauce geben. Rehkeule tranchieren, mit einer Wildsauce, Pilzen, mit Gemüsen wie Rotkohl, Rosenkohl etc. und Klößchen oder Spätzle servieren.
Wildsauce muss vorher zubereitet werden.

Zutaten für die Sauce

Ca. 1 kg gehackte Rehknochen, etwas Öl zum Anbraten.
Röstgemüse: 2 mittlere Zwiebeln in walnussgroßen Würfeln, ebenso Möhren und Sellerieknolle in Würfeln, Röstgemüse soll immer zu ⅔ aus Zwiebeln, der Rest aus Möhren und Sellerie bestehen. Einige Wacholderbeeren, Pfefferkörner, 3 Pimentkörner, 1 Lobeerblatt, etwas Thymian, ½ l Rotwein, 1 EL Tomatenmark.

Zubereitung

Knochen anrösten, Röstgemüse zugeben, alles gut anbraten, die Gewürze zugeben, das Tomatenmark beifügen. Mit ¼ l Rotwein ablöschen, alles nochmals einkochen, mit etwas kaltem Wasser kurz loskochen. Mit ca. 1,5 l Wasser und dem restlichen Rotwein auffüllen, ca. 3 Std. köcheln lassen. Den Fond durch ein Tuch passieren, nochmals einkochen bis auf ca. 1,2 l, mit etwas Johannisbeergelee oder Cumberlandsauce, einigen Tropfen Balsamico, evtl. etwas Pfeffer und Salz nachschmecken, passieren. Nach Belieben mit etwas Crème double in eine Wildrahmsauce vewandeln.

Variation: Mit grünen Pfefferkörnern, Cognac und etwas Crème double entsteht eine Rehpfeffersauce.

Rehkeule aus dem Ofen

Sauce herstellen wie im vorhergehenden Rezept beschrieben.

Rehkeule von allen Seiten anbraten, salzen und pfeffern und für ca. 20 Min. pro kg in den ca. 120 °C heißen Ofen geben. Bei der Nadelprobe soll der Röhrenknochen gut warm sein. Rehkeule an warmer Stelle lose abgedeckt ca. 20 Min. ruhen lassen.
Den Bratfond evtl. in die Sauce passieren. Rehkeule sollte schön rosafarben sein.

Fasanenbrust in Traubensauce

für 4 Personen

Zutaten

4	Fasanenbrüste mit Haut, vollkommen entsehnt
	Salz, frisch gemahlener Pfeffer, Mehl, Butter zum Anbraten
	klein gehackte Fasanenknochen (Karkasse)
je 100 g	Möhren, Sellerie, Zwiebeln
1 EL	Tomatenmark
½ l	trockener Weißwein
1 l	Brühe oder Wasser
1	Knoblauchzehe
1	Thymiansträußchen
2	Lorbeerblätter
1 TL	weiße Pfefferkörner
350 g	weiße Weintrauben, teils enthäutet und entkernt, oder kleine kernlose Trauben
⅛ l	Riesling
2 cl	Cognac

Zubereitung

Fasanenfond
Zuerst den Fasanenfond für die Traubensauce herstellen, möglichst am Tag vorher.
Die zerkleinerten Fasanenknochen auf einem Backblech im Ofen bei 220–250 °C anrösten. Auf dem Herd in einem Topf Möhren, Zwiebeln und Sellerie (in haselnussgroße Stücke geschnitten) in etwas Butter oder Rapskernöl anschwitzen, das Tomatenmark einrühren, dann die angerösteten Knochen dazugeben, alles gut vermengen. Mit dem Weißwein ablöschen, die Brühe oder das Wasser zugeben, alles langsam zum Kochen bringen.
Abschäumen und entfetten, dann die Gewürze zugeben. Ca. 2 Std. köcheln lassen, durch ein Tuch passieren, nochmals entfetten.
Die erzielte Fondmenge sollte ca. ¾ l sein.

Traubensauce
Ca. 150–200 g weiße Weintrauben grob zerquetschen, in etwas Butter anschwitzen, mit dem Riesling ablöschen, kurz einkochen, mit dem Fasanenfond auffüllen und auf ca. ½ l einkochen lassen, dann leicht salzen, evtl. mit etwas angerührtem Stärkemehl ganz leicht andicken.
Die Sauce durch ein Sieb passieren, mit dem Cognac, evtl. mit Pfeffer und Salz abschmecken, abgezogene und entkernte Weintrauben als Einlage in die Sauce geben oder kernlose Trauben verwenden. Evtl. mit etwas Sahne verfeinern.

Fasanenbrust
Die entsehnte Brust mit Salz und Pfeffer aus der Mühle würzen, leicht in Mehl wenden, in angebräunter Butter schonend anbraten, im Backofen bei ca. 110 °C ca. 10 Min. ziehen lassen, mehrfach in der Butter wenden.
Dann herausnehmen, Ofen ausstellen, in dem sich abkühlenden Ofen die Fasanenbrust ca. 10 Min. ruhen lassen.

Quer zur Faser in fächerartige Streifen schneiden, mit der Traubensauce überziehen, mit Weinkraut und Kartoffelpüree servieren.

Hasenrückenfilet in Calvadossauce

für 4 Personen

Zutaten

2	schöne, ganze Hasenrücken, ausgelöst, die Knochen klein gehackt
ca. 8	Wacholderbeeren, zerdrückt
ca. 10	Pfefferkörner, zerdrückt
5	Pimentkörner, zerdrückt
1	Lorbeerblatt
2	geschälte Zwiebeln
1	Möhre in walnussgroßen Stücken
ca. 100 g	Knollensellerie
½ EL	Tomatenmark
¼ l	Rotwein
ca. 1 l	Wasser oder Brühe
ca. 3 cl	Calvados
	Mehl, Butter, Öl

Zubereitung

Zunächst die Sauce vorbereiten: Dazu die klein gehackten Knochen vom Hasenrücken anrösten, die Gewürze und Gemüse zugeben, mitrösten lassen, dann das Tomatenmark beifügen, mit dem Rotwein ablöschen, etwas einkochen lassen, dann das Wasser zugeben und alles ca. 2–3 Std. köcheln lassen. Den Fond durchsieben und nochmals etwas einkochen lassen (reduzieren). Evtl. mit etwas Saucenbinder leicht andicken, Sauce darf aber nicht pampig sein, sondern muss noch leicht fließen. Die Sauce mit dem Calvados und evtl. mit 1 EL Crème fraîche, Pfeffer, Salz, nach Belieben auch 1 TL Johannisbeergelee verfeinern.

Wenn man das Hasenfilet in Wacholderrahm servieren möchte, ist es ratsam, doppelt soviele Wacholderbeeren in den Saucenansatz zu geben.
Anstelle von Calvados kann dann auch Gin oder Wacholder verwendet werden.

Die enthäuteten Hasenfilets mit etwas Salz und Pfeffer würzen, leicht in Mehl wenden, in halb Butter und halb Öl bei milder Hitze anbraten. Auf keinen Fall bei starker Hitze wie ein Steak garen, da sonst das Fleisch sehr schnell durchgebraten und trocken ist. Das Hasenfilet bei ca. 100–120 °C im Ofen ca. 10–12 Min. garen, herausnehmen, Ofen ausstellen, auf ca. 80 °C abkühlen lassen, das Fleisch ca. 10 Min. im Ofen ruhen lassen, dann in schräge Tranchen schneiden und anrichten. Mit der Sauce leicht überziehen.

Dazu Rotkohl oder Rosenkohl, Kartoffelpüree, Spätzle und karamellisierte Apfelspalten servieren.

Auch wenn der Hauptgang köstlich war –
einem feinen Dessert können wir am
Ende eines Essens kaum widerstehen.
Ob Parfaits, Sorbets, Mousses oder Crêpes –
an sie denken wir oft schon, wenn wir
mit der Vorspeise beginnen.

Desserts

Mousse au chocolat

Zutaten

100 g	Valrhona Zartbitter-schokolade, zerkleinert
2 EL	Milch
2 cl	Cognac
1	Eigelb
250 g	geschlagene Sahne

Zubereitung

Schokolade mit Milch und Cognac im warmen Wasserbad bei ca. 35 °C schmelzen lassen.
Eigelb zugeben, etwas abkühlen lassen, 2 EL von der geschlagenen Sahne untermischen, dann den Rest der Schlagsahne unterheben. Kühl stellen.
Diese Mousse au chocolat ist sehr einfach zuzubereiten. Ausschlaggebend für den Geschmack ist die Qualität der Schokolade. Ich verwende Valrhona-Schokolade.

Aprikosenmousse

für ca. 10 Personen

Zutaten

750 g	Aprikosen
250 g	Mascarpone
250 g	Quark
6	Eigelb
250 g	Puderzucker
4 EL	Aprikosenbrand
6 Blatt	weiße Gelatine

Zubereitung

Reife Aprikosen waschen, halbieren, entsteinen, in große Würfel schneiden und mit dem Mixstab fein pürieren. Mascarpone und Quark mit dem Handrührgerät untermischen. Die Eigelbe und den Puderzucker mit dem Handrührgerät cremig aufschlagen, den Aprikosenbrand zugeben, über Wasserdampf warm aufschlagen, die kalt eingeweichte Gelatine in der warmen Eiermasse auflösen und alles kalt rühren. Den Aprikosenquark mit einem Schneebesen unter die Masse heben. Alles in eine Schüssel geben, gut durchkühlen lassen.

Von der Aprikosenmousse Nocken ausstechen und mit Karamellsauce (siehe Seite 101) servieren.

Kokosmousse mit Mangokompott

für ca. 6 Personen

Zutaten für Kokosmousse

3 Blatt	weiße Gelatine
250 g	ungesüßte Kokosmilch
50 g	Zucker
3	Eigelb
1-2 EL	Kokoslikör
250 g	Schlagsahne

Zubereitung

Gelatine in kaltem Wasser einweichen, Kokosmilch auf 30–40 °C erwärmen, den Zucker darin auflösen und die Eigelbe darin verrühren. Im Schlagkessel über heißem Wasserdampf mit dem Spatel abrühren, bis die Flüssigkeit dicklich wird. Kokoslikör und die eingeweichte Gelatine zugeben und verrühren. Die Masse durch ein feines Sieb in eine Schüssel passieren, im Eiswasserbad abkühlen und bis zum Erkalten immer wieder umrühren, bis die Masse leicht zu gelieren beginnt. Dann die geschlagene Sahne unterheben und ca. 4 Std. kühlen.

Zutaten für Mangokompott

1 ca. 500 g	Mango, am besten Pattayamango
1	Vanilleschote
50 g	Zucker
150 ml	Orangensaft
2 TL	Speisestärke (Mondamin oder Maizena)
2-3 EL	Limettensaft

Zubereitung

Die Mango schälen und das Fruchtfleisch in ca. 1 cm große Würfel schneiden. Das Mark der Vanilleschote ausschaben. Zucker mit dem Orangensaft, Vanillemark und -schote aufkochen und leicht mit der in wenig Orangensaft angerührten Stärke binden. Flüssigkeit aufkochen lassen, die Mangowürfel zugeben, nochmals kurz aufkochen und mit dem Limettensaft abschmecken. Abkühlen lassen.

Quarkmousse

für ca. 10 Personen

Zutaten

4	Eigelb
100 g	Zucker
4 Blatt	Gelatine
400 g	passierter Quark
1	Zitrone - Saft und Abrieb
400 g	Schlagsahne

Zubereitung

Eigelbe mit Zucker schaumig rühren, über Dampf warm schlagen. Eingeweichte Gelatine darin auflösen, kalt schlagen. Passierten Quark und Zitrone zugeben, geschlagene Sahne unterheben, gut kühlen.

Mit Aprikosen- oder Zwetschgenragout oder frischen Beeren servieren.

Südtiroler Topfencreme

Zutaten

1	Eigelb
70 g	Puderzucker
80 g	passierter Quark
250 g	Naturjoghurt
3 Blatt	Gelatine
	Saft von halbe Zitrone und halber Orange
⅛ l	Schlagsahne

Zubereitung

Eigelb mit Puderzucker schaumig rühren, Quark und Joghurt vermischen, unter die Eigelbmasse geben. Gelatine kalt einweichen, im Wasserbad auflösen und zusammen mit den Säften zu der Masse geben. Wenn die Creme abkühlt, die geschlagene Sahne unterheben, in Förmchen füllen.

Mit frischem Erdbeermark oder oder mit Aprikosenragout servieren.

Quarksoufflé - klassische Art

für ca. 10 Personen

Zutaten

¼ l	Milch
½	Vanilleschote
120 g	Zucker
je 20 g	Mondamin und Mehl
5	Eigelb
5	Eiweiß
300 g	Quark, abgetropft und passiert

Zubereitung

Milch mit 60 g Zucker und Vanille aufkochen, Mondamin und Mehl mit etwas Milch verrühren, in die kochende Milch einrühren, andicken lassen, durchkochen, Vanille entfernen, Eigelbe zugeben, passierten Quark unterrühren (evtl. einige Rumrosinen zufügen).
Das Eiweiß mit den restlichen 60 g Zucker aufschlagen, unter die Quarkmasse heben. In gebutterten und gezuckerten Formen im Wasserbad bei ca. 200 °C ca. 45 Min. garen, die Formen nur zu etwa ¾ füllen.

Quarksoufflé

für ca. 8 Personen

Zutaten

200 g	Quark
3	Eigelb
½	Zitronenabrieb
	Mark einer halben Vanilleschote
4	Eiweiß
70 g	Zucker
	Butter und Zucker für die Förmchen

Zubereitung

Quark mit Eigelben verrühren, Zitronenschale und Vanille zugeben. Eiweiß mit Zucker cremig schlagen, nicht zu fest, und unter die Quarkmasse heben.
Förmchen gründlich mit Butter und Zucker auskleiden, zu ¾ füllen und die Soufflés in ca. 80 °C heißem Wasser bei 220 °C ca. 20 Min. garen.

Topfenknödel

für ca. 6 Personen

Zutaten

4	Zitronen
180 g	Butter
1 Prise	Salz
10 g	Vanillezucker
300 g	passierter Quark
2	Eier
60 g	Grieß
100g	Biskuit- oder Weißbrotbrösel

Zubereitung

Zunächst aus Wasser, Salz, der Vanilleschote, 2 Zitronen, Zucker einen Sud zubreiten und ca. 10 Min. ziehen lassen.

30 g Butter, Salz, Vanillezucker und abgeriebene Schale von 2 Zitronen schaumig rühren, den passierten Quark und die Eier dazugeben, zuletzt den Grieß unterziehen. Die Masse ca. 1 Std. kühl stellen. Aus der Masse mit einem Löffel eiförmige Knödel formen und in dem vorbereiteten Sud ca. 10–15 Min. gar ziehen lassen, bis sie oben schwimmen.

150 g Butter zergehen lassen, 100 g Brösel aus Biskuitresten oder Weißbrot oder gemischt dazugeben, etwas anrösten, die gegarten Knödel abtropfen lassen und in den Butterbröseln in der Pfanne wenden.

Sauerrahmeis

Zutaten

3 Blatt	Gelatine
¼ l	Läuterzucker (siehe Seite 101)
500 g	Sauerrahm
1	Saft und Abrieb von Zitrone
100 ml	Wodka

Zubereitung

Eingeweichte Gelatine in warmem Läuterzucker auflösen. Läuterzucker und Sauerrahm glatt rühren. Zitrone und Wodka dazugeben, nochmals abschmecken.
In der Sorbetière fertig stellen.

Melonensorbet

für ca. 6–8 Personen

Zutaten

50 g	Zucker
2 EL	Honig
1 EL	Zitronensaft
2 cl	Wasser
1 ca. 750 g	reife Cantaloupemelone
2 cl	Cognac
	Pfefferminzblätter

Zubereitung

Zucker, Honig und Zitronensaft mit dem Wasser solange kochen, bis der Zucker gelöst ist. Diesen Sirup erkalten lassen.

Melone halbieren, entkernen. Aus dem Fruchtfleisch ca. 20 Kugeln ausstechen oder akkurate Würfel schneiden, mit dem Cognac beträufeln und zugedeckt kühl stellen. Das restliche Fruchtfleisch pürieren, mit dem Sirup vermischen und in die Sorbetière geben.
Sorbetkugel im Glas anrichten, mit den marinierten Melonenkugeln oder -stücken und Pfefferminzblättchen dekorieren.
Wenn man keine Sorbetière hat, kann man das Sorbet in der Tiefkühltruhe herstellen, man muss in diesem Fall immer wieder durch kräftiges Durchschlagen mit dem Schneebesen die Bildung von Eiskristallen verzögern, um ein glattes, cremiges Sorbet zu erhalten.

Apfelsorbet auf Mangopüree

für ca. 6-8 Personen

Zutaten

500 g	säuerliche Äpfel (Boskop)
$\frac{1}{8}$ l	Beaujolaiswein
$\frac{1}{8}$ l	trockener Cidre
	Saft einer Zitrone
120 g	Zucker
1	kleines Stück Zimtstange
2 ca. 300 g	reife Mangos, Fruchtfleisch

Zubereitung

Äpfel schälen, entkernen, mit dem Beaujolais, Cidre, Zitronensaft, Zucker und der Zimtstange 3-4 Min. kochen lassen.
Zimtstange entfernen und die Mischung mit dem Mixer pürieren. In die Sobetière geben.
Das reife Mangofleisch ebenfalls im Mixer pürieren, gut kühlen. Mangopüree als Grundlage, obenauf das Apfelsorbet anrichten.

Mangosorbet

für ca. 6-8 Personen

Zutaten

2 ca. 300 g	reife Mangos, Fruchtfleisch
3 dl	Zuckersirup
1	Limette

Zubereitung

Die Mangos schälen und das Fruchtfleisch vom Kern schneiden.
Im Mixer zu etwa 5 dl Fruchtmark pürieren.
Sirup und Limettensaft und das Fruchtpüree verrühren. In der Sorbetière fertig stellen.

Grand-Marnier- oder Orangenparfait

Zutaten

2	Eigelb
50 g	Zucker
20 ml	Grand Marnier
150 g	frisch gepresster Orangensaft, auf ca. 50 % eingekocht
$\frac{1}{2}$ TL	abgeriebene Limetten- oder Zitronenschale
$\frac{1}{2}$ TL	abgriebene Orangenschale
	Saft von 1 Limette oder Zitrone
250 g	Schlagsahne

Zubereitung

Eigelbe und Zucker mit dem Handrührgerät cremig aufschlagen.
Grand Marnier, Orangensaft, Limetten- und Orangenschale und Limettensaft zugeben.
Alles gut verrühren, über Wasserdampf warm schlagen, ca. 70 °C, im Eiswasser kalt rühren, bis eine dickliche Creme entstanden ist. Zum Schluss geschlagene Sahne unterheben, mindestens 3 Std. gefrieren lassen.

Mit Erdbeeren und/oder frischem Erdbeerpüree servieren.

Kokosparfait

Zutaten

3	Eigelb
30 g	Zucker
50 g	Kokosmark (Dosenprodukt)
30 ml	Batida de Coco
	etwas Zitronen- oder Limettensaft
250 g	Schlagsahne

Zubereitung

Zutaten mit Ausnahme der Schlagsahne mit dem Handrührgerät cremig aufrühren, über Wasserdampf warm schlagen, in Eiswasser kalt schlagen. Zum Schluss geschlagene Sahne unterheben, gefrieren.

Mit exotischen Früchten oder Mangosalat mit Ananas servieren.

Weihnachtsparfait mit Christstollen

für 4 Personen

Zutaten

8 Scheiben	Christstollen
6 EL	Amaretto
⅛ l	Milch
125 g	Marzipanrohmasse
2 Blatt	Gelatine
1	Eigelb
2 EL	Zucker
⅛ l	Sahne
1 EL	Butter zum Braten der Christstollentaler
1 EL	gehackte Pistazien oder Mandeln

Zubereitung

Aus den Christstollenscheiben 8 Taler mit einem Durchmesser von ca. 6 cm ausstechen. Der Durchmesser sollte mit dem Durchmesser der Förmchen nahezu identisch sein, in die das Parfait nachher abgefüllt wird. Den restlichen Stollen in Würfel schneiden und mit ca. 4 EL Amaretto anfeuchten.
Milch zum Kochen bringen, das Rohmarzipan darin auflösen. Gelatine kalt einweichen.
Eigelb mit Zucker und restlichem Amaretto über Wasserdampf warm schlagen, bis die Masse leicht dicklich wird. Gelatine darin auflösen.
Die Marzipanmilch und die Eigelb-Zucker-Masse gleichmäßig verrühren und kalt stellen. Die Sahne nicht zu fest schlagen und unter die dicklich werdende Eigelb-Marzipanmasse heben, ebenso die Christstollenwürfel.
In Gefäße wie Kaffeetassen oder ähnliche runde Förmchen füllen. Mindestens 3-4 Std. gefrieren. Das Parfait aus dem Förmchen stürzen und auf einen in der Butter angebratenen Christstollentaler setzen. Den anderen Taler obenaufsetzen. Das Parfait rundherum mit gehackten Pistazien oder Mandeln bestreuen.

Pfirsich in Prosecco-Sabayon

für 8 Personen

Zubereitung

8	Pfirsiche, möglichst weiße oder Weinbergpfirsiche
1 l	Wasser
1	Vanilleschote
400 g	Zucker
2	Zitronen

Die Pfirsiche - möglichst weiße oder Weinbergpfirsiche - blanchieren, häuten und in einem Sud aus Wasser, Vanilleschote, Zucker und den Zitronen pochieren.

Prosecco-Sabayon

Zutaten

8	Eigelb
180 g	Zucker
1 FL	Prosecco Brut
1 TL	Speisestärke (Mondamin, Maizena)

Zubereitung

Eigelbe und Zucker mit dem Rührgerät schaumig weiß schlagen, nach und nach den Prosecco zugeben, die Speisestärke unterrühren und über Wasserdampf luftig warm schlagen, im Eisbad kalt schlagen.

Zusammen mit den pochierten Pfirsischen servieren. Auch Pistazieneis oder Krokantparfait passt gut zum Prosecco-Sabayon.

Haselnuss-Krokantparfait

ca. 8 Personen

Zutaten

100 g	geschälte Haselnüsse
2 EL	Zucker
5	Eigelb
50 g	Zucker
5 cl	Creme de Kakao dunkel
2 cl	brauner Rum
200 g	Schlagsahne

Zubereitung

2 EL Zucker karamellisieren, Haselnusskerne hineingeben, alles gut miteinander vermengen. Vorsicht, darf nicht verbrennen! Auf einem leicht geölten Kuchenblech ausbreiten und auskühlen lassen.
Eigelbe und 50 g Zucker schaumig rühren, warm und kalt schlagen.
Zerkleinerten Haselnusskrokant und Spirituosen zugeben, geschlagene Sahne unterheben, gefrieren lassen.

Vor dem Servieren die Form rechtzeitig aus dem Froster nehmen und je nach Größe 15–20 Min. bei Zimmertemperatur stehen lassen.

Walnussparfait

für ca. 8 Personen

Zutaten

100 g	Walnusskerne
2 EL	Zucker
5	Eigelb
50 g	Zucker
5 cl	Nußlikör
2 cl	brauner Rum
200 g	Schlagsahne

Zubereitung

2 EL Zucker karamellisieren, ganze Walnüsse hineingeben und alles gut miteinander vermengen. Vorsicht, darf nicht verbrennen! Auf einem leicht geölten Kuchenblech ausbreiten und auskühlen lassen.
Eigelbe und 50 g Zucker schaumig rühren, die Karamellsahne zugeben, warm und kalt schlagen.
Den kalten, zerkleinerten Walnusskrokant und die Spirituosen zugeben, restliche Sahne steif schlagen, unterheben und das Parfait gefrieren lassen.

Vor dem Servieren die Form rechtzeitig aus dem Froster nehmen und je nach Größe 15–20 Min. bei Zimmertemperatur stehen lassen.

Zitronengrasparfait

6-8 Personen

Zutaten

¼ l	Sahne
4-5	Zitronengrasstangen
1	Limone
6	Eigelb
130 g	Zucker
5 cl	weißer Rum
400 g	geschlagene Sahne

Zubereitung

¼ l Sahne mit 4-5 zerkleinerten Zitronengrasstangen und Schale von 1 Limone langsam ausköcheln lassen und durch ein Sieb geben.

Eigelbe und Zucker mit dem Handrührgerät solange aufschlagen, bis eine dickliche weiße Masse entsteht, mit der Zitronengrassahne vermischen, beides über Wasserdampf warm schlagen, im Eisbad kalt schlagen.
Rum zugeben; wenn die Masse völlig abgekühlt ist und etwas fest wird, die geschlagene Sahne unterheben.
Im Gefrierfach ca. 4 Std. kühlen.
Einen Salat aus exotischen Früchten wie Ananas, Thaimangos, Melonen bereiten, mit feinsten frischen Ingwerwürfeln und Zitronensaft marinieren.

Eis ca. 15 Min., bevor man es servieren möchte, aus dem Gefrierfach nehmen. Auf dem Obstsalat anrichten.

Coviglia di caffè
Gefrorene Kaffeecreme

6-8 Personen

Zutaten

¼ l	sehr starker Espresso oder Kaffee
8 EL	Zucker
¼ l	Milch
1	Vanilleschote
4	Eigelb
200 g	Schlagsahne

Zubereitung

In dem frisch gebrühten Kaffee 4 EL Zucker auflösen und abkühlen lassen. Milch erhitzen und die aufgeschlitzte Vanilleschote darin ziehen lassen, nicht kochen. 4 Eigelb mit den verbliebenen 4 EL Zucker schaumig rühren, über Dampf warm schlagen, nicht vom Dampf nehmen. Zuerst den abgekühlten Kaffee, dann nach und nach die passierte Vanillemilch in die Eigelbmasse einrühren und gut durchschlagen, dann ins Eisbad stellen und unter Rühren erkalten lassen.
Die geschlagene Sahne unterziehen.
Tiefkühlen.

Crème brûlée

ca. 8 Personen

Zutaten

6	Eigelb
$^3/_8$ l	Sahne
$^1/_8$ l	Milch
80 g	Zucker
	Mark von $^1/_2$ Vanilleschote
2 cl	Grand Marnier

Zubereitung

Alles gut verrühren, darauf achten, dass kein Schaum auf der Masse entsteht.
In Förmchen geben.
Förmchen in ein Gefäß stellen und so viel heißes Wasser einfüllen, dass sie zu einem Drittel im Wasser stehen. Bei 110 °C ca. 70 Min. im Ofen garen. Kühl stellen.
Mit braunem Streuzucker überstreuen, mit dem Gasbrenner karamellisieren.

Mit frischen Früchten, Eis oder Rhabarberragout servieren.

Crema Catalana

für 4-6 Personen

Zutaten

$^1/_2$ l	Milch
100 g	Zucker
1	Zimtstange
	Abrieb von 1 unbehandelten Zitrone
$^1/_2$	Vanilleschote
20 g	Speisestärke (Mondamin, Maizena)
4	Eigelb

Zubereitung

Die Milch mit dem Zucker, der Zimtstange, dem Zitronenabrieb und der Vanilleschote langsam zum Kochen bringen.
Die Speisestärke mit den Eigelben und 2 EL Milch (von der gesamten Menge abnehmen) glattrühren. Zimtstange und Vanilleschote entfernen.
Das Eigelb-Stärkegemisch in die kochende Milch einrühren, kräftig durchrühren, bis die Creme stockt.
Die Creme in feuerfeste Förmchen füllen, erkalten lassen. Mit Zucker überstreuen. Mit der Gasflamme karamellisieren.

Panna Cotta
(italienische Creme)

Zutaten

½ l	flüssige Sahne
1	Vanilleschote
50 g	Zucker
4 Blatt	Gelatine
4 cl	Marsala

Zubereitung

Sahne mit Vanilleschote und Zucker ca. 15 Min. köcheln lassen. Kalt eingeweichte Gelatine zugeben, Marsala hinzufügen, in Förmchen füllen, gut durchkühlen.

Mit Fruchtsauche oder frischen Himbeeren und Himbeermark oder Erdbeeren und Erdbeermark servieren.

Bayrische Crème
(franz. Crème bavaroise)

für ca. 6-8 Personen

Diese Crème ist die klassische Basiscreme der französischen Küche, die viele Ableitungen möglich macht.

Zutaten

½ l	Milch
1	Vanilleschote
4	Eigelb
100 g	Zucker
6 Blatt	weiße Gelatine oder 12-14 g gemahlene Gelatine
½ l	geschlagene Sahne

Zubereitung

Milch mit der ausgeschabten Vanilleschote aufkochen und ca. 20 Min. ziehen lassen. Die Eigelbe mit dem Zucker schaumig rühren, bis eine fast weiße, dickliche Crème entsteht. Die Vanillemilch auf die Eiermasse geben, sofort mit dem Schneebesen glatt rühren und dann über Wasserdampf mit dem Spachtel abrühren, bis die Masse am Schaber cremig abläuft (man sagte früher: bis zur Rose abziehen). In die heiße Masse die eingeweichte Gelatine rühren und auflösen. Dann die Masse durch ein feines Sieb geben und in ein Eisbad stellen, bis zum Abkühlen häufiger umrühren. Wenn die Masse anfängt, leicht dicklich zu werden, sofort aus dem Wasser nehmen und die geschlagene Sahne unterziehen.

Es wichtig, den richtigen Augenblick zu erwischen, um die Schlagsahne unterzuheben: Wenn die Crème noch zu flüssig ist, verdünnt sich die Schlagsahne und die Crème wird nicht locker genug. Wenn die Crème bereits zu dicklich geworden ist, wird sie nach dem Unterziehen der Sahne nicht mehr richtig glatt.
Die Creme in Förmchen füllen und kühlen. Sie kann gestürzt werden. Wenn man die Crème in Gläser füllen möchte und sie nicht stürzt, reichen 5 Blatt Gelatine.
Mit pürierten Erdbeeren, Rhabarber usw. servieren.
Variationen: mit Kaffee, mit Nüsschen, mit Schokolade etc.

Crêpes

Zutaten

200 g	Mehl
3/8 l	Milch
1/8 l	Wasser
1 Prise	Salz
2 EL	Zucker
5	Eier
2	Eigelb
50 g	geklärte Butter

Zubereitung

Bis auf Eier und Butter alle Zutaten gut verrühren, ca. 30 Min. quellen lassen, Eier zugeben, danach die geklärte Butter unterrühren, ca. 1 Std. ruhen lassen, Masse passieren. In einer beschichteten Pfanne haudünne Crêpes ausbacken.

Crêpes Suzette

für 4 Personen

Zubereitung

Die Schale einer unbehandelten Orange mit 4 Zuckerwürfeln abreiben, ca. 40-50 g Butter in der Pfanne zergehen lassen, Zuckerwürfel darin zerdrücken, mit weiteren 60 g Zucker schmelzen lassen. Mit 10 cl Orangensaft und 2 cl Zitronensaft ablöschen und etwas reduzieren. Die Crêpes einlegen und in dem Sud wenden. Mit 6 cl Grand Marnier (evtl. mit etwas Cognac) übergießen, flambieren (nicht unbedingt erforderlich), dann die Crêpes 1-2 Min. ziehen lassen.
Crêpes anrichten, in den Sud evtl. geröstete Mandeln geben, Sud über die Crêpes verteilen.

Auf vorgewärmten Tellern mit Eis servieren.

Grießflammeri

Zutaten

1/2 l	Milch
1	Vanilleschote
	Abrieb von 1 Zitrone
50 g	Weichweizengrieß
8 Blatt	weiße Gelatine
5	Eigelb
120 g	Zucker
370 g	Schlagsahne

Zubereitung

Milch mit ausgeschabter Vanilleschote aufkochen und passieren. Wieder in ein Gefäß geben und zum Köcheln bringen. Grieß unter stetem Rühren einlaufen lassen, so lange rühren und köcheln bis die Masse dicklich wird, dann die kalt einge-weichte Gelatine darin auflösen. Eigelbe mit dem Zucker schaumig rühren und zur heißen Grießmasse geben, alles gut vermischen. Im kalten Wasserbad zum Stocken bringen. Wenn die Masse etwas anzieht, die geschlagene Sahne unterheben.

In Förmchen füllen, kühlen. Stürzen.

Birnenkompott

Zutaten

150 g	Zucker
	Saft von 3 Zitronen
10 EL	Birnengeist
	Mark von 2 Vanilleschoten
	Speisestärke (Mondamin)
6	Birnen

Zubereitung

Zucker, Zitronensaft und Birnengeist mit Vanillemark aufkochen, mit etwas Mondamin binden.

Geschälte, entkernte Birnenhälften nochmals dritteln, in den leicht köchelnden Sud einlegen, ca. 3 Min. garen lassen.

Birnenküchlein

Zutaten

300 ml	Milch
30 g	frische Hefe
400 g	gesiebtes Mehl
6	Eier
60 g	Zucker
150 g	weiche Butter
	Butter und gemahlene Mandeln für die Förmchen
	Mandelblättchen, Streuzucker
	Birnengeist
6	reife Birnen, geschält und gewürfelt

Zubereitung

Milch erwärmen, Hefe hinein bröseln, mit 1 Prise Zucker glatt rühren. Mit dem Mehl vermischen, an warmer Stelle 2. Min. abgedeckt gehen lassen.

Eier mit dem Zucker schaumig rühren, die cremige Butter untermischen und alles unter den Hefeteig ziehen, nochmals 25 Min. gehen lassen.
Förmchen mit Butter ausstreichen, mit gemahlenen Mandeln ausstreuen, Teig in die Förmchen geben, mit Birnengeist marinierte Birnenwürfel darauf verteilen, mit Mandelblättchen und Zucker bestreuen.
Im Backofen bei 200 °C 20-25 Min. backen, im Heißluftherd bei 180 °C.

Karamellsauce

Zutaten

120 g	Zucker
8 EL	Wasser
200 g	flüssige Sahne

Zubereitung

Zucker und Wasser zu einem goldbraunen Karamell kochen. Die flüssige Sahne hinzugeben und so lange rühren, bis sich der Karamell gelöst hat. Abkühlen lassen.

Die Karamellsauce sollte nicht unbedingt eiskalt sein, sondern besser bei Zimmertemperatur serviert werden.

Passt gut zur Aprikosenmousse (siehe Seite 89).

Läuterzucker

Zutaten

1 kg	Zucker
1 l	Wasser

Zubereitung

Wasser und Zucker unter Rühren erhitzen, bis der Zucker vollkommen geschmolzen ist, einmal aufkochen, abkühlen lassen. Dieser Sirup lässt sich an kühler Stelle bis zu 2 Wochen aufbewahren.
Die Zuckerlösung entspricht 28 Grad Baumé auf der Zuckerwaage.
Man kann den Läuterzucker zum Süßen von Früchten etc. verwenden, aber auch zur Herstellung von Eis und süßen Saucen wird er genutzt.

Palatschinken – österreichische Crêpes

Zutaten

200 g	Mehl
¼ l	Milch
⅛ l	Sahne
3	Eier
1 EL	Zucker
1 Messersp.	Salz
2 EL	Öl
	Aprikosenkonfitüre

Zubereitung

Mehl sieben, alle Zutaten außer der Konfitüre zugeben und zu einem dünnen, glatten Teig verrühren. 1 Std. ruhen lassen. Dünne Pfannkuchen backen, mit Aprikosenkonfitüre bestreichen und aufrollen.

Mit Aprikosenragout und Vanilleeis servieren.

Mokkasauce

Zutaten

100 cl	starker Mokka
60 g	Haselnussnougat
3 g	Speisestärke (Mondamin)
2 EL	Läuterzucker (siehe Seite 101)
2 EL	Whisky
80 g	geschlagene Sahne

Zubereitung

Speisestärke in 2 EL Mokka auflösen, den restlichen Mokka aufkochen, mit der Stärke abbinden.
Nussnougat bei ca. 32 °C auflösen, zu der Mokkasauce geben, gut durchrühren, erkalten lassen.
Dann den Läuterzucker und den Whisky zugeben; alles durch ein Sieb streichen, mit der geschlagenen Sahne vermischen.

Rotweinbirne

Zutaten

8	Birnen (kleine Abate, Williams, Santa Monica. o. ä.)
100 g	Zucker
¼ l	Rotwein
⅛ l	roter Portwein
⅛ l	Orangensaft
	Saft von 2 Zitronen, 1 Stück Zitronenschale
	etwas Zimtstange, Lorbeerblatt, Nelke
6 cl	Cassislikör

Zubereitung

Die Birnen schälen; Kerngehäuse ausstechen oder die Früchte halbieren und entkernen.
Zucker karamellisieren, Karamell mit Portwein und Rotwein ablöschen, auflösen.
Orangen- und Zitronensaft sowie die Gewürze und die Zitronenschale zufügen.
Die vorbereiteten Birnen einlegen, Cassislikör zugeben, langsam garen, dabei wenden, damit die Birnen gleichmäßig rot werden.
Den Sud mit etwas angerührter Stärke leicht binden und durchsieben.

Glühwein-Sabayon

Zutaten

½ l	Rotwein
	Orangenscheiben, Zitronenscheiben, Nelken, Zimtstange
5	Eigelb
100 g	Zucker
1 TL	Speisestärke

Zubereitung

Zunächst den Rotwein mit Orange, Zitrone, Nelke und Zimt auf 100 ml reduzieren. Eigelbe und Zucker mit dem Handrührgerät cremig aufschlagen, zusammen mit der Rotweinreduktion und der kalt angerührten Speisestärke über Wasserdampf heiß und schaumig aufschlagen. Soll der Sabayon kalt serviert werden, entsprechend im Eiswasser wieder kalt schlagen.

Apfelragout mit Grenadine

Zutaten

2	säuerliche Äpfel
200 ml	Apfelsaft
3 EL	Grenadine
1	Zimtstange

Zubereitung

Äpfel in dünne Scheiben und feine Würfel schneiden. Alles in einen Topf mit Apfelsaft, Grenadine und Zimtstange geben und bei mittlerer Hitze weich dünsten. Äpfel herausnehmen, Zimtstange entfernen, den Sud etwas einkochen.

Apfelscheiben und -stücke mit einem Parfait anrichten, mit dem Sud beträufeln, evtl. mit Pistazien oder Mandelstückchen bestreuen.

Echte Vanillesauce

für ca. 6 Personen

Zutaten

6	Eigelb
100 g	Zucker
½ l	Milch
½	Vanilleschote

Zubereitung

Milch mit der Vanilleschote (vorher das Mark ausschaben und dazugeben) aufkochen, etwas ziehen lassen. Eigelbe und Zucker mit dem Handrührer cremig aufrühren.
Die Vanillemilch unter Rühren auf die Eigelbe geben, mit dem Spatel über Wasserdampf abrühren, bis die Masse den Löffel cremig überzieht (bis zur Rose erhitzen). Auf keinen Fall überhitzen, da sonst die Eier ausflocken. Masse durchsieben um evtl. Eiflocken auszusondern, abkühlen lassen, dabei ab und zu durchrühren.

Es lohnt sich, diese feine Sauce selbst herzustellen. Sie begleitet Früchte, Rote Grütze und viele andere Süßspeisen.

Weinschaum-Sabayon

für ca. 4-6 Personen

Zutaten

2	Eigelb
40 g	Zucker
⅛ l	Süßwein

Zubereitung

Alle Zutaten gut verrühren, über Wasserdampf aufschlagen.

Zwetschgenragout

Zutaten

1 kg	frische Zwetschgen
350 g	Zucker
¼ l	Rotwein
¼ l	Orangensaft
2	Saft von Zitronen
1	Vanilleschote, evtl. etwas Zimt
	Speisestärke
6 cl	Zwetschgenbrand

Zubereitung

Zwetschgen waschen, entkernen, halbieren oder vierteln und mit 200 g Zucker bestreut ca. 2 Std. ziehen lassen.

Die restlichen 150 g Zucker karamellisieren, mit Rotwein und Orangensaft ablöschen und loskochen, Vanilleschote und ausgekratztes Mark zufügen, evtl. 1 Stückchen Zimtstange.
Alles ca. 20 Min. köcheln lassen.
Vanilleschote und Zimtstange entfernen.
Den Rotweinsud mit etwas angerührter Speisestärke leicht abbinden, nochmals aufkochen. Der Sud sollte leicht gebunden sein, auf keinen Fall zu pappig. Deshalb von Anfang an nicht zuviel Speisestärke zugeben und bei Bedarf lieber etwas nachdicken. Mit Zitronensaft abschmecken.
Den heißen Sud auf die gezuckerten Zwetschgen geben und gut vermengen.
Mindestens 2 Std. ziehen lassen. Immer wieder durchmischen.
Nach Belieben nachschmecken und evtl. etwas Pflaumenbrand zufügen.

Rhabarberragout

für 4-6 Personen

Zubereitung

7 Stangen	junger Rhabarber
400 g	Zucker
100 ml	Weißwein,
	Saft 1 Zitrone,
½ l	Wasser,
1	Vanilleschote
	Speisestärke (Mondamin)
150 g	Erdbeeren

Zubereitung

Rhabarber waschen, Enden oben und unten entfernen, schälen, d. h. die Fäden von oben nach unten gründlich abziehen.
Die geputzten Rhabarberstangen in ca. 3 cm lange, schräge Stücke schneiden, mit 150 g Zucker überstreuen und ca. 30 Min. ziehen lassen.
Die Rhabarberschalen mit Weißwein, Zitronensaft, Wasser, der aufgeschnittenen Vanilleschote und 250 g Zucker aufkochen.
Ca. 30 Min. köcheln lassen, durchsieben, evtl. noch etwas einkochen lassen, mit etwas angerührtem Mondamin leicht abbinden, nochmals kurz aufkochen lassen.
Der Sud sollte süß und ausgewogen schmecken, damit der Rhabarber einen runden Geschmack bekommt.
Die gezuckerten Rhabarberstücke in dem Sud kurz ziehen lassen, der Rhabarber sollte noch etwas Biss haben, aber nicht zu hart sein. Den gegarten Rhabarber mit der Schaumkelle herausnehmen, den abtropfenden Saft in den Sud zurückführen.
Ca. 150 g geputzte und leicht gezuckerte Erdbeeren pürieren, in den abgekühlten Sud mischen und auf die Rhabarberstücke geben.
Nochmals mit Zucker, Grand Marnier oder nach Belieben abschmecken. Das Ragout darf nicht zu säuerlich sein.

Harmoniert sehr gut zu Cremes, Grießflammerie usw.

Kirschragout

Zutaten

250 g	Sauerkirschen
100 ml	Kirschsaft
50 ml	Rotwein
25 ml	Portwein
25 ml	Cassislikör
½	Vanilleschote
½	Zimtstange
	Saft von ½ Orange
3 EL	Kirschwasser
40 g	Zucker
5 g	Speisestärke

Zubereitung

Zutaten aufkochen, mit der angerührten Speisestärke binden, Schattenmorellen in die heiße Flüssigkeit geben, abkühlen lassen.

Nach Belieben in Blätterteigtörtchen füllen, eine Creme aufspritzen und mit Schokostreuseln dekorieren.

Cérises jubilées oder heiße Schattenmorellen

für 4-6 Personen

Zutaten

300-400 g	frische oder tiefgekühlte Schattenmorellen
ca. 150 g	Zucker
½ l	milder Rotwein, z. B. Dornfelder
¼ l	roter Portwein
1	Vanillestange
1	kleine Zimtstange
	Schale und Saft von 1 Zitrone
2 EL	Johannisbeergelee
1 EL	Speisestärke (Mondamin)
4 cl	Kirschlikör oder -wasser
4 EL	geröstete Mandeln

Zubereitung

Schattenmorellen entkernen, konservierte Früchte aus dem Glas abtropfen lassen.

Zucker karamellisieren, mit dem Rot- und Portwein ablöschen, den Karamell loskochen, Zimtstange, Vanillestange, Zitronenschale und -saft zugeben.
Ca. 10 Min. zugedeckt köcheln lassen. Johannisbeergelee und die Kirschen zugeben, aufkochen, mit der angerührten Speisestärke leicht abbinden, nochmals kurz aufkochen. Nachschmecken! Oftmals muss noch Zucker zugegeben werden, da die Kirschen sehr viel Säure haben. Die Kirschen sollten nicht dick oder pampig sein, sondern leicht konsistent. Kirschwasser zugeben.

Heiß im tiefen Teller anrichten, mit den gerösteten Mandeln bestreuen.

Grundrezepte

Kürbiskernöl-Vinaigrette

Zutaten

⅛ l	Bouillon
1 Prise	Zucker
	Balsamicoessig
	frisch gemahlener Pfeffer
	etwas Dijonsenf
	Kapern
4 EL	Kürbiskernöl
4 EL	hochwertiges, nicht zu aromatisches Oliven- oder Rapskernöl

Zubereitung

Bouillon mit 1 Prise Zucker und Balsamicoessig aufkochen, etwas reduzieren; mit frisch gemahlenem Pfeffer, etwas Dijonsenf, einigen gehackten Kapern verrühren.
Kürbiskernöl und Oliven- oder Rapskernöl zugeben und verrühren.

Radieschen-Gurken-Vinaigrette

Zubereitung

⅓ milden Weinessig mit ⅔ Sonnenblumenkernöl und evtl. etwas Spargelfond, etwas Salz, Pfeffer, 1 Prise Zucker und sehr wenig Dijonsenf verrühren.
Feinst geschnittene Radieschen- und Gurkenstreifen, Schnittlauch, evtl. andere Kräuter wie Dill, Borretsch etc., zugeben. Pikant abschmecken.

Preiselbeer-Vinaigrette

Zutaten

⅛ l	Portwein und Brühe, je zur Hälfte
4 EL	Balsamicoessig
2 EL	Cassislikör
2 EL	Preiselbeeren, gekocht, möglichst nur die Beeren, sonst Konfitüre
	Salz, Zucker, Pfeffer nach Geschmack
2 EL	gutes neutrales Pflanzenöl (Rapskern, Oliven etc.)
	evtl. Ingwerstückchen

Zubereitung

Portwein und Brühe leicht erwärmen, den Essig, Cassis, die Preiselbeeren und die Gewürze zugeben, alles verrühren, zum Schluss das Öl unterschlagen. Nachschmecken.

Nach Geschmack kann man ca. 1 Mokkalöffel feinst gehackte frische Ingwerstückchen dazugeben.

Salatsauce für feine Blattsalate

Zutaten

4 Teile	Consommé
4 Teile	Olivenöl
4 Teile	Pflanzenöl (Rapskernöl)
2 Teile	alter Balsamico
2 Teile	junger Balsamico
1 Teil	Portweinreduktion (Portwein um ca. 30-40 % einkochen)
1 Teil	Madeirareduktion (Madeira um ca. 30-40 % einkochen)
	etwas Zucker, etwas Dijonsenf

Zubereitung

Alle Zutaten gut mixen. Die Sauce lässt sich in einer gut verschlossenen Flasche einige Zeit aufbewahren.

Orangen-Kumquat-Chutney

für 2 Gläser mit je 0,2 l Inhalt

Zutaten

3	Orangen
80 g	Kumquat
50 g	Rosinen
200 g	Zucker
125 g	Weinessig (weiß oder rot)
½ TL	feinste frische Ingwerwürfel
1 Messersp.	Muskat

Zubereitung

Die Orangen schälen, weiße Haut muss entfernt sein, filetieren, den Saft auffangen. Die Kumquats heiß abwaschen und in Scheibchen schneiden. Die Kumquatscheiben und die übrigen Zutaten in einem Topf zum Kochen bringen. Bei schwacher Hitze offen einkochen, bis das Chutney eine püreeartige Konsistenz hat.
Das Chutney heiß in Gäser füllen und sofort verschließen.
Kühl aufbewahren.

Passt gut zu kaltem Braten, Wild, Gänse- und Geflügelleberzubereitungen.

Pfirsich-Chutney

für ca. 6 Personen

Zutaten

1 kg	reife Pfirische
120 g	Zucker
2 TL	Salz
100 g	Rosinen
4	Schalotten, in feinste Würfel geschnitten
2	Knoblauchzehen, in feinste Würfel geschnitten
125 g	Weinessig (weiß oder rot)
½ TL	feinste frische Ingwerwürfel
1 TL	Senfkörner, gemörsert
1 TL	Korinaderkörner, gemörsert
	etwas frisch gemahlener Pfeffer

Zubereitung

Die Rosinen waschen, abtropfen und etwas quellen lassen. Die Pfirsiche kurz in heißes Wasser geben, kalt abschrecken, häuten, entkernen und in 4-6 mm große Würfel schneiden. Alle anderen Zutaten mit den Pfirischstücken in einen Topf geben, zum Kochen bringen, häufig umrühren und bei milder Hitze ca. 30 Min. eindicken lassen.
Das Chutney heiß in Gläser füllen und sofort verschließen.
Kühl aufbewahren.

Paßt gut zu kaltem Braten, Käse, Wild, Gänse- und Geflügelleberzubereitungen.

Mayonnaise

ca. 300 g

Zutaten

2	Eigelb
	etwas Salz und Pfeffer aus der Mühle
1 TL	Dijonsenf
2 EL	milder Weißweinessig, evtl. auch Zitronensaft und Weißwein in der gleichen Menge
¼ l	kaltgepresstes Rapskern- oder Sonnenblumenöl
evtl. 1 EL	Gewürzgurkensud

Zubereitung

Zimmerwarme Eigelbe mit Salz, Pfeffer und dem Senf mit dem Handrührgerät aufschlagen. Tropfenweise das zimmerwarme Öl unter ständigem Weiterrühren im Wechsel mit dem Essig oder anderen Flüssigkeiten zugeben. Darauf achten, dass dabei die Mayonnaise nicht zu dünn gerät, sonst evtl. noch etwas mehr Öl zugeben. Die Mayonnaise sollte eine feste, cremige Konsistenz haben.
Um die Mayonnaise etwas leichter zu gestalten, kann man 2 EL Naturjoghurt daruntermischen. Die fertige Mayonnaise nochmals nachschmecken, sie sollte einen angenehm pikanten, aber nicht fettigen Geschmack haben.

Chantillysauce

ca. 300 g

Zubereitung

200 g Mayonnaise nach dem Grundrezept ziemlich dicklich herstellen, ca. 80–100 g fest geschlagene Sahne unterheben, mit etwas Zucker, Salz, einigen Tropfen Zitronensaft abschmecken.

Chantillysauce schmeckt ausgezeichnet zu kaltem Spargel.

Sauce Remoulade

ca. 300 g

Zubereitung

Nach dem Grundrezept Mayonnaise herstellen. Je 1 EL klein gewürfelte Gewürzgurken, Kerbel, gehackte Petersilie, 1 EL kleinste Kapern und ca. 6 gewässerte, klein gehackt Sardellenfilets unterziehen.
Wenn die Remoulade besonders pikant sein soll, kann evtl. noch etwas geriebener Meerrettich zugegeben werden.

Ideal zu kaltem Braten, Sülzen, gebackenem Fischfilet

Aioli

Zutaten

4	mittelgroße Knoblauchzehen
½ TL	grobes Meersalz
2	Scheiben Weißbrot, entrindet, in Milch eingeweicht
1	Eigelb
¼ l	feinstes Olivenöl
	Zitronensaft
	Pfeffer

Zubereitung

Geschälte Knoblauchzehen von den Keimen befreien. Mit dem Salz im Mörser zerreiben.
Das ausgedrückte Weißbrot und das Eigelb zugeben und rühren, bis eine glatte Paste entstanden ist. Wird die Paste zu dick, kann mit etwas warmem Wasser verdünnt werden.
Etwas ruhen lassen, dann kräftig umrühren, in eine Schüssel umfüllen, das Olivenöl erst tropfenweise, dann in dünnem Strahl mit dem Schneebesen unterrühren.
Mit einigen Tropfen Zitronensaft und etwas Pfeffer abschmecken.

Sauce Tatare

ca. 300 g

Zubereitung

Nach dem Grundrezept Mayonnaise herstellen. Ca. 1 EL fein geschnittenen Schnittlauch, Kerbel, Petersilie, Estragon und 2 hartgekochte zerdrückte Eigelbe zugeben, mit etwas Senf und Cayennepfeffer nachschmecken.

Ideal zu Sülzen, gebackenen Pilzen, fritierten Meeresfrüchten.

Fischfond

Zutaten

500 g	Fischkarkassen, möglichst von Steinbutt, Seezunge etc.; keine Gräten von Süsswasserfischen oder Lachsgräten
100 g	Lauchstreifen
50 g	Staudensellerie
3 g	Schalotten
1	Eiklar
1	Knoblauchzehe, gequetscht
	nach Vorrat etwas frischer Tymian, Kerbel
ca. 100 ml	Noilly Prat
¼ l	trockener Weißwein
¾ l	Wasser

Zubereitung

Fischkarkassen, Lauch, Staudensellerie, Schalotten (in Ringe geschnitten), Knoblauch, Pfeffer und Kräuter mit Eiklar und einigen Eiswürfeln vermengen, Weine und ca. ¾ l kaltes Wasser zugeben, alles gut mischen. Langsam unter häufigem Umrühren zum Kochen bringen, bis sich der gesamte Trub oben absetzt, dann ca. 20 Min. ziehen lassen. Durch ein Passiertuch geben. Sie erhalten dadurch einen sauberen, klaren Fischfond, der durch Neutralität besticht und vielseitig verwendbar ist.

Fischsauce

ca. 0,7 l

Zutaten

ca. 150 g	Fischstücke, wie Endstücke von Kabeljau oder anderen Fischen oder Teile von diesen Fischen, die zum Verzehr nicht optimal sind
30 g	weiße Lauchstreifen
30 g	Schalottenstreifen
30 g	Staudenselleriestreifen oder Selleriewürfel
evtl. 10	weiße Pfefferkörner
ca. 25 g	Butter
5 cl	Noilly Prat, soweit vorhanden
ca. 100 ml	trockener Weißwein
ca. ½ l	frische Sahne

Zubereitung

Fischstücke, Lauchstreifen, Schalottenstreifen und Sellerie in Butter anschwitzen, mit 5 cl Noilly Prat, soweit vorhanden, und ca. 100 ml trockenem Weißwein ablöschen,
ca. 10 Min. einkochen lassen, dann ca. ½ l Wasser oder Gemüsebrühe zugeben. Alles nochmals ca. 15 Min. köcheln lassen, dann ca. ½ l frische Sahne zugeben. Alles ca. 10 Min. sanft köcheln lassen, mit frisch gemahlenem Pfeffer, wenig Salz und einem Spritzer Weißweinessig abschmecken, evtl. mit etwas Mehlbutter (weiche Butter mit der gleichen Menge Mehl verknetet, beurre manié) ganz leicht abbinden.
Vorsicht: Die Sauce darf nicht zu sämig oder pappig sein, sondern muss leicht flüssig bleiben. Die fertige Sauce durch ein feines Sieb geben. Diese Sauce kann Basis für viele Ableitungen sein.

Senfsauce
Zugabe von Dijonsenf, 1 Prise Zucker, etwas Zitronensaft
Bärlauchsauce
Zugabe von püriertem und kleingeschnittenem Bärlauch
Pestosauce
Zugabe von möglichst selbstgemachtem frischem Pesto (siehe Seite 113)

Senf-Schnittlauch-Sauce

für ca. 6 Personen

Zutaten

½ l	Fischsauce
1,5 EL	Dijonsenf
	Zucker, Zitronensaft
2-3El	geschlagene Sahne
	Schittlauch

Zubereitung

Nach dem Grundrezept zubereitete Fischsauce sanft erwärmen, Dijonsenf einrühren, mit etwas Zucker und Zitronensaft abschmecken.

Die Sauce sollte jetzt nicht mehr kochen. Mit 2-3 EL geschlagener Sahne montieren. Die Sauce sollte eine schöne Harmonie zwischen Säure und Schärfe haben. Mit viel Schnittlauch und evtl. Tomatenfleischstückchen verfeinern.

Safransauce

Zutaten

½ l	Fischsauce
	Safran
	Weißwein, Noilly Prat
	Zitronensaft, Salz, Pfeffer
2-3El	geschlagene Sahne
	nach Belieben Basilikum, Tomatenwürfel, Gemüsestreifen

Zubereitung

Safranfäden zwischen den Fingern zerreiben, in etwas Butter anschwitzen, mit Weißwein und Noilly Prat ablöschen. Mit der vorbereiteten Fischsauce auffüllen, mit etwas Zitronensaft, Pernod, evtl. Pfeffer und Salz nachschmecken, etwas geschlagene Sahne unterheben. Mit Basilikumstreifen, Tomatenfleischstücken, blanchierten Möhren-, Lauch-, evtl. Sellerie-, Fenchelstreifen etc. anreichern.

Trüffelbuttersauce

für ca. 6 Personen

Zutaten

½ l	Fischsauce
ca. 25 g	Trüffelbutter
	Balsamico, Zitronensaft
	Salz, Pfeffer
2-3 EL	geschlagene Sahne

Zubereitung

Fischsauce sanft erwärmen, Trüffelbutter zugeben und verrühren. Die Sauce sollte jetzt nicht mehr kochen. Mit etwas Salz, Pfeffer, einem Tropfen Balsamico oder Zitronensaft nachschmecken, mit 2-3 EL geschlagener Sahne montieren.

Hummersauce

Zutaten

	Karkassen von 2 Hummern
	Olivenöl, Butter, Weinbrand
2	Schalotten
ca. 150 g	Möhren
30 g	Knollen- oder Staudensellerie
30 g	Lauchstreifen
1	angedrückte Knoblauchzehe
2	frische zerdrückte Tomaten
	Fischfond oder Wasser
1	Lorbeerblatt
1	Nelke
3	Wacholderbeeren
2 EL	Tomatenmark
200 g	Crème double
	Salz, Cayennepfeffer
	etwas Petersilie, Basilikum oder Estragon

Zubereitung

Getrocknete, zerkleinerte Karkassen von 2 Hummern in Olivenöl anrösten, mit etwas Weinbrand flambieren, auf das in Butter angeschwitzte Gemüse geben. Sorgfältig vermengen, mit Fischfond und Wasser – je zur Hälfte – auffüllen. Gewürze und Tomatenmark zugeben.
Ca. 40 Min. köcheln lassen, mit 200 g Crème double auffüllen, nochmals ca. 10 Min. ziehen lassen.
Alles durch ein feines Sieb geben und gut ausdrücken, mit dem Pürierstab aufmixen, mit etwas Salz und wenig Cayennepfeffer abschmecken.
Die Sauce kann mit Basilikum oder Estragon angereichert und mit Schlagsahne aufgelockert werden.

Hält man die Sauce etwas dünner, kann sie als Hummersuppe serviert werden, evtl. mit einem Cognacsahnehäubchen.

Pesto

Zutaten

30 g	Pinienkerne
1	Knoblauchzehe
	etwas Meersalz
	frisch gemahlener Pfeffer
50 g	Basilikumblätter
50 g	geriebener Parmesankäse
60 ml	Olivenöl

Zubereitung

Pinienkerne und Knoblauch mit Salz und Pfeffer im Mörser zerkleinern, kleingeschnittenes Basilikum zugeben und zerreiben, Käse zugeben, zum Schluss das Öl untermischen. Für ein einfaches Pesto kann man den Knoblauch und den Käse weglassen, man erhält dann ein basilikumbetontes Pesto, das sich beispielsweise für die Fischsauce (siehe Seite 111) eignet. Wenn kein Mörser vorhanden ist, kann man das Pesto auch mit dem Küchenmixer herstellen.

Ochsenschwanzfond

Zubereitung

1 kg	Ochsenschwanz
je ca. 100 g	Möhren, Sellerie, Zwiebeln
2-3	Knoblauchzehen
	etwas Salz,
2	Lorbeerblätter,
5	Pimentkörner,
1	Thymianzweig
ca. 2 EL	Tomatenmark
3 l	Wasser

Zubereitung

Ochsenschwanz, in Segmente geschnitten, anbraten, mit etwas Rotwein ablöschen, Gemüse, etwas Salz und die Gewürze zugeben, kurz anbraten lassen, Tomatenmark zufügen, mit Wasser auffüllen, ca. 3 Std. köcheln lassen, bis ca. 1 l Fond übrig bleibt, absieben.

Warmer Kartoffel-Gurken-Salat

für 4-6 Personen

Zutaten

500 g	kleine Kartoffeln
¼ l	Rinderbrühe
	Zucker, Pfeffer, Salz, Weinessig
½	Salatgurke
	Tomatenwürfel
	frische Kräuter
	Pflanzenöl

Zubereitung

Kartoffeln mit der Schale nicht zu weich kochen, gepellt in dünne Scheiben schneiden.
Rinderbrühe mit 1 Prise Zucker, etwas Pfeffer, Salz und Weinessig aufkochen. Kartoffelscheiben in die Brühe geben und unter stetem Schwenken Bindung verleihen.
Gurke waschen, evtl. schälen, längs halbieren, Kerne entfernen, Gurke in Scheiben schneiden, leicht salzen und pfeffern, ca. 20 Min. ziehen lassen.
Die Gurkenscheiben zu den Kartoffeln geben, nochmals abschmecken. Der Salat darf nicht zu säuerlich schmecken.
Mit Tomatenwürfeln, Schnittlauch oder anderen Kräutern verfeinern, mit einem guten Schuß hochwertigem Pflanzenöl vollenden.
Der Kartoffelsalat darf nicht matschig sein, aber die Kartoffelscheiben sollten eine gewisse Bindung haben.

Himmel und Erde

Zubereitung

Geschälte Kartoffeln in Salzwasser weich kochen, durch die Kartoffelpresse drücken, mit etwas Butter und wenig heißer Milch zu einem Kartoffelpüree mit dem Kochlöffel verrühren, mit Salz und Muskat abschmecken.
Die gleiche Menge geschälte Apfelstücke (Boskop, Jonathan) in etwas Wasser mit 1 Prise Zucker weich dünsten, mit dem Stampfer oder Schneebesen zerdrücken, den Apfelbrei unter den Kartoffelbrei geben.
Schmeckt sehr gut zu gebratener Blutwurst oder Bratwurst.

Kartoffelpüree

Zutaten

1 kg	Kartoffeln (Cilena, Linda o. ä.)
	Salz, Muskat
150 g	weiche Butter
½ l	kochende Milch

Zubereitung

Kartoffeln schälen, abspülen und vierteln, in leichtem Salzwasser weich kochen, abschütten, kurz abdämpfen, durch eine Kartoffelpresse in eine vorgewärmte Schüssel drücken.
Eine Geschmacksprobe wegen des Salzgehaltes nehmen.
Jetzt mit dem erforderlichen Salz und Muskat würzen, ca. 150 g weiche Butter zugeben.
Je nach Kartoffelart ca. ½ l kochende Milch zugeben, mit einem Holzlöffel oder Spatel alles behutsam miteinander vermengen.
Sollte das Püree zu fest erscheinen, noch etwas kochende Milch zugeben.
Nachschmecken und durchspateln.
Gutes Püree sollte einen angenehmen Kartoffel-Buttergeschmack haben und nicht zäh oder zu flüssig sein.

Kartoffel-Gnocchi

Zutaten

1,2 kg	mehlig kochende Kartoffeln
200 g	Mehl
2	Eigelb
	Salz

Zubereitung

Kartoffeln in der Schale ca. 30 Min. kochen, pellen, noch warm durchpressen und mit allen Zutaten auf einem bemehlten Tisch zu einem glatten geschmeidigen Teig verkneten.
Aus dem Teig ca. 3 cm dicke Rollen formen und in ca. 3 cm lange Stücke schneiden.
Jedes Teigstück über eine Raspel oder Gabel rollen, damit ein schönes Gittermuster entsteht.
In einem großen Topf Salzwasser zum Kochen bringen, Hitze etwas reduzieren.
Die Gnocchi portionsweise hineingeben, sobald sie oben schwimmen mit einem Schaumlöffel herausnehmen und warm stellen.
Evtl. mit geriebenem Parmesan überstreuen oder in Sahne mit Basilikum, Tomatenstücken und Parmesan geben.

Kartoffel-Grießklöße

Zutaten

800 g	geschälte Kartoffeln
75 g	Hartweizengrieß
3	Eier
	Salz, Muskat

Zubereitung

Kartoffeln kochen, abdämpfen, durchpressen. Hartweizengrieß und Eier zugeben, alles mit Salz und Muskat würzen, gut durchmengen, ca. 30 Min. ruhen lassen.
Masse dritteln, in Rollen formen, mit Grieß bestäuben, in Scheiben schneiden, Knödel formen. In Salzwasser gar ziehen lassen, nicht kochen.

Schlesische Klöße

Zutaten

1,5 kg	Kartoffeln
2	Eier
	etwas Salz
	Croutons (geröstete Weißbrotwürfel)

Zubereitung

Kartoffeln mit der Schale kochen, pellen, heiß durchpressen. Mit Eiern und Salz gründlich vermengen. Mit bemehlten Händen Klöße formen, mit Croutons füllen, in Mehl wenden, in Salzwasser gar ziehen lassen.

Normale Kartoffelklöße

Zutaten

1 kg	Kartoffeln
3/8 l	Milch
200 g	Speisenstärke
	Salz, etwas Muskat
	Croutons (geröstete Weißbrotwürfel)

Zubereitung

Kartoffeln mit der Schale kochen, heiß pellen und durchpressen. Milch aufkochen, Salz und etwas Muskat zusammen mit der heißen Milch zu der Kartoffelmasse geben. Alles zu einem glatten Teig verarbeiten, ca. 15 Min. ruhen lassen.
Mit nassen Händen Klöße formen, mit Croutons füllen, in siedendem Wasser ziehen lassen, bis die Klöße oben schwimmen.

Klöße halb und halb

Zutaten

1,5 kg	Kartoffeln
160 g	Mehl
2	Eier
	etwas Salz

Zubereitung

Kartoffeln schälen. Die Hälfte der Kartoffeln kochen, ausdämpfen und abkühlen lassen. Die andere Hälfte roh reiben und in einem Tuch ausdrücken.
Die gekochten Kartoffeln auf die roh geriebenen Kartoffeln reiben oder pressen. Mehl, Eier und Salz zur Kartoffelmasse geben, alles durchmengen.
Mit bemehlten Händen Klöße formen, in Mehl leicht wenden, in Salzwasser ca. 20 Min. gar ziehen lassen.

Hausgemachte Nudeln

Dieser Nudelteig ist ein so genannter Grundteig und lässt sich für viele Pastagerichte verwenden, wie Ravioli, geschnittene Nudeln oder Lasagne.

Zutaten

300 g	Weizenmehl Typ 405
3	Eier
1 EL	gutes Olivenöl
½ TL	Salz
	nach Bedarf 1 EL Wasser

Zubereitung

Das Mehl auf die Arbeitsplatte sieben und in die Mitte eine Mulde drücken. Die Eier nacheinander aufschlagen und in die Mulde geben. Das Olivenöl und das Salz zugeben und alles mit einer Gabel oder einem Löffel verrühren und dann damit beginnen, das Mehl von innen mit der Gabel oder dem Löffel unterzurühren.
Mit kreisförmigen Bewegungen das Mehl soweit hineinarbeiten, bis ein dickflüssiger Teig entstanden ist. Jetzt mit den Händen den Mehlrand von außen nach innen über den Teig verteilen. Das Mehl zunächst unter den Teig drücken. Nimmt der Teig das Mehl nicht vollständig auf, so dass sich die Zutaten nur schwer verarbeiten lassen, etwas kaltes Wasser zugeben.
Das Wasser mit beiden Daumen einkneten, den Teig zusammenschlagen und mit beiden Händen das restliche Mehl darunterkneten. Den Teig jetzt wechselseitig mit dem Handballen auseinanderdrücken und wieder zusammenlegen und zu einem glatten, festen Teig verkneten. Zu einer Kugel formen, mit Klarsichtfolie bedecken und ca. 1 Std. ruhen lassen.

Den Teig mit einer Maschine oder dem Nudelholz auf Mehl ausrollen, in dünne oder breitere Streifen schneiden.
Auf einem mit Hartweizengrieß bestreuten Blech ausbreiten, etwas antrocknen lassen. Dann in reichlich Salzwasser – ohne Öl – kochen.

Spätzle

Zutaten

500 g	Mehl
5	Eier
1 TL	Salz
ca. 100 ml	Wasser

Zubereitung

Das Mehl in eine Schüssel geben. In der Mitte eine Vertiefung machen und die Eier hineinschlagen. Die Hälfte des Wassers zugeben und mit den Händen oder einem Kochlöffel zu einem glatten Teig vermengen.
Den Teig mit der Hand oder dem Kochlöffel kräftig schlagen, bis er glatt und zäh ist. Er sollte Luftblasen werfen. Evtl. das restliche Wasser zugeben.
Den Teig in kochendes Salzwasser pressen, schaben oder reiben und wenn die Spätzle oben schwimmen mit einem Schaumlöffel herausnehmen.
Evtl. kurz warm abspülen und in Butter mit etwas Muskat und Salz schwenken.

Risotto milanese mit Steinpilzen

Zutaten

60 g	Schalotten, fein gehackte
½	Knoblauchzehe, fein gehackt
	etwas Oliven- oder Rapskernöl
400 g	Arborioreis
70 g	Butter
150 ml	Weißwein
	Salz, einige Safranfäden
1-1,2 l	Hühner- oder Kalbsbrühe
	frisch gemahlener Pfeffer
60 g	frisch geriebener Parmesan
200 g	Steinpilze (auch tiefgekühlt), in etwas Olivenöl angedünstet, mit Salz und Pfeffer gewürzt

Zubereitung

Zwiebelwürfel und Knoblauch in dem Oliven- oder Rapskernöl hell anschwitzen, den Reis dazugeben und umrühren, bis die Reiskörner glasig erscheinen. Mit dem Weißwein ablöschen, etwas einkochen lassen, etwas Salz und den Safran zugeben.
Nach und nach die separat erhitzte Brühe angießen und den Risotto unter ständigem Rühren in ca. 15-18 Min. garen. Kurz vor der Fertigstellung die angeschwitzten Steinpilze zugeben. Mit Salz und Pfeffer würzen, den geriebenen Parmesan und die restliche Butter unterrühren.
Den Risotto vom Herd nehmen und kurz durchziehen lassen.

Grießklößchen

für ca. 15 Klößchen

Zutaten

250 ml	Brühe
30 g	Butter,
	etwas Salz und Muskatnuss
100 g	Hartweizengrieß
2	Eier
	etwas fein gehackte Petersilie

Zubereitung

Brühe aufkochen, Butter und Gewürze zugeben, den Grieß einrieseln lassen, abseits der Herdplatte mit dem Schneebesen kurz glatt rühren. Anschließend mit einem Holzlöffel auf dem Herd weiter rühren, bis eine feste Masse entstanden ist. Dann in ein anderes, kaltes Gefäß geben, die Eier unterarbeiten, bis sie vollständig absorbiert sind.
Mit einem kleinen Löffel Klößchen formen, in leicht siedender Brühe oder Salzwasser gar ziehen lassen.

In die Klößchenmasse können nach Belieben angedünstete Morchelstückchen, Steinpilze, Champignons, diverse Kräuter usw. gegeben werden.

Toskanische Canellinibohnen

für 4 Personen

Zutaten

1 Dose 400 g	gekochte Canellinibohnen, kalt abgespült und abgetropft, oder selbstgekochte weiße Bohnen
2 EL	Olivenöl
1	Schalotte in kleinen Würfeln
1	Knoblauchzehe, feinst geschnitten, nicht gepresst
1 TL	Kapern
2	Tomaten, enthäutet, entkernt und in 5 mm große Würfel geschnitten
1 EL	fein geschnittenes Basilikum
200 g	Tomatensugo mit Stückchen (Fertigprodukt)
30 g	frisch geriebene Parmesankäse (nicht zu fein reiben)
	etwas Salz, Pfeffer, Prise Zucker

Zubereitung

Schalottenwürfel und Knoblauch in Olivenöl anschwitzen, Tomatensugo zugeben. Alles zum Köcheln bringen, Bohnen, Basilikum, Kapern zugeben, mit Salz, Pfeffer, Zucker abschmecken.
Die Tomatenfleischstückchen zugeben, evtl. mit einem Spritzer Zitronensaft vollenden.
Das Bohnengemüse sollte nicht zu fest sein, sondern noch etwas fließen. Nach Geschmack mit dem geriebenen Parmesan überstreuen.

Die Bohnen kann man mit gebratenen Gambas, Jakobsmuscheln oder Kaninchenfilet usw. servieren.

Bohnenragout

Zutaten

1 kg	breite Bohnen oder Stangenbohnen, in ca. 1,5 cm breite, schräge Streifen geschnitten
500 g	geschälte Kartoffeln, in ca. 1 cm große Würfel geschnitten (Kartoffelmenge kann individuell verändert werden)
1	mittelgroße Zwiebel, in feine Würfel geschnitten
50 g	Bacon in feinen Würfeln
	Bohnenkraut, Schnittlauch oder Petersilie
	evtl. Tomatenwürfel

Zubereitung

Bohnen und Kartoffeln getrennt blanchieren. Bacon ausbraten, Zwiebelwürfel dazugeben, Bohnen und Kartoffeln dazugeben, pfeffern, salzen. Wenn vorhanden, mit etwas Brühe angießen, garen. Wenn das Bohnenragout fertig ist, sollte es eine etwas sämige Konsistenz haben, wie ein Eintopf, nur nicht so flüssig.
Dieses Gemüse sollte herzhaft schmecken, evtl. mit Bohnenkraut, Schnittlauch oder Petersilie verfeinern. Man kann auch Tomatenstückchen oder feine Gemüsewürfel zugeben, um das Gemüse farblich attraktiver zu machen.

Passt sehr gut zu Lamm, zu dunklen Fleischsorten, ergibt aber auch ein schönes einfaches Bohnengericht mit frischer Bratwurst.

Weitere Beilagen wie Kartoffeln etc. sind nicht mehr erforderlich.

Rotkohl – karamellisiert

Zutaten

1	mittlerer Kopf Rotkohl
150 g	Zucker
½ l	Rotwein
¼ l	Portwein
300 ml	Rotweinessig
1 Gewürzb.	mit 2 Lorbeerblättern, 4 Nelken, 7 Pimentkörnern, 5 Wacholderbeeren und 20 Pfefferkörnern
	Salz
250 g	geschälte Apfelspalten oder -würfel, möglichst Boskop
150 g	Zwiebelstreifen oder -würfel
150 g	Gänseschmalz
3 EL	Johannisbeergelee
	evtl. Zimt

Zubereitung

Rotkohl vierteln, Strünke entfernen. Die Viertel in möglichst dünne Streifen schneiden, am besten mit der Aufschnittmaschine.

In einem Topf mit großem Durchmesser den Zucker karamellisieren, den Karamell mit Rotwein und Portwein loskochen. Rotkohlstreifen daraufgeben, mit Rotweinessig befeuchten, intensiv in dem Zucker-Weingemisch wenden, bis der Kohl etwas zusammengefallen ist, dann etwas Salz und den Gewürzbeutel zufügen, dünsten. Zwischendurch immer wieder mit der Schaumkelle durchmengen, evtl. fehlende Flüssigkeit durch Rotwein ergänzen. Nach ca. 30 Min. Kochzeit die in Gänseschmalz angedünsteten Äpfel- und Zwiebelwürfel zufügen.

Ab jetzt den Rotkohl ständig wenden, damit er mit allen anderen Komponenten Bindung aufnimmt und nicht anbrennt. Mit Rotweinessig, Johannisbeergelee und evtl. einem winzigen Hauch gemahlenem Zimt nachschmecken. Es sollte eine Harmonie zwischen Säure und angenehmer Süße entstehen. Wenn die Flüssigkeit ziemlich verkocht ist, sollte der Rotkohl nicht matschig sein, sondern noch eine klare Struktur aufweisen.

Geschmortes Spitzkohlherz

Zubereitung

Junge Spitzkohlköpfe von den Außenblättern befreien, vierteln. Zwiebeln in Butter anschwitzen, Kohlviertel einlegen, mit wenig Salz und Muskat würzen, Brühe angießen, mit Deckel in der Pfanne ca. 10 Min. schmoren, bis der Kohl weich, aber nicht verkocht ist.
Evtl. den Strunk vor dem Servieren entfernen (Man kann den Strunk aber bei ganz jungem Spitzkohl durchaus mitessen).

Schmeckt angenehm mild und begleitet sowohl Fleisch- als auch Fischgerichte.

Münsterländer Stielmus

Zubereitung

Stielmus waschen, von den gröbsten grünen Blättern befreien, in ca. 5 mm lange Stücke schneiden, in Salzwasser kurz blanchieren, in Eiswasser abschrecken. Zwiebelwürfel und feinste Kartoffelwürfel in Butter anschwitzen, mit Rinderbrühe bedecken.
Fast gar kochen, dann die blanchierten Rübstielstückchen zugeben, nochmals etwas Brühe zugeben, kurz durchkochen, mit Salz, Pfeffer, Muskat abschmecken. Das Gemüse darf nicht zu suppig sein, sonst evtl. einige durchgepresste gekochte Kartoffeln zugeben.

Spargelragout

für 4 Personen

Zutaten

400 g	geschälten weißen und grünen Spargel, roh in ca. 3 cm lange Stücke geschnitten
1	Schalotte, fein gewürfelt
ca. 50 g	feine Lauchstreifen
	Zucker, Salz, Zitronensaft
	Brühe oder Spargelfond
$^{1}/_{4}$ l	Crème double oder Sahne
1	Eigelb für Liaison, Butter zum Dünsten
	gehackter Kerbel

Zubereitung

Spargel in Butter mit Schalottenwürfeln und Lauchstreifen andünsten, mit etwas Zucker, Salz und Zitronensaft würzen, mit Brühe oder Spargelfond knapp bedecken, ca. 8 Min. dünsten, mit Sahne auffüllen. Alles mit Liaison von 1 Eigelb und 2 EL Sahne binden.
Mit gehacktem Kerbel abrunden, mit Zitronensaft, evt. Salz nachschmecken. Das Ragout darf nach dem Legieren nicht mehr kochen.

Mit Fisch, hellem Fleisch, gekochten Eiern servieren.

Weinkraut

Zutaten

1 kg	loses oder verpacktes Sauerkraut oder Weinkraut
100 g	feine Zwiebelstreifen
	Gänse- oder Schweineschmalz
	Zucker, Salz
$^{1}/_{2}$ l	trockener Weißwein
$^{3}/_{4}$ l	Fleischbrühe
1	Gewürzbeutel mit 3 Pimentkörnern, ca. 10 Wacholderbeeren, 1 TL weißen Pfefferkörnern, im Mörser leich angedrückt
2	Lorbeerblätter
1	Kartoffel

Zubereitung

Sauerkraut ca. 5-7 Min. mit kaltem Wasser bedecken, abschütten. Zwiebelstreifen in Schmalz hell anschwitzen. Das Kraut daraufgeben, mit etwas Zucker undSalz würzen, mit Wein und Fleischbrühe bedecken und Gewürze zufügen.
Nach Geschmack evtl. einige Baconscheiben auf das Kraut legen und mit ziehen lassen.
Nach ca. 1 Std. Garzeit das Sauerkraut mit einer roh geriebenen Kartoffel abbinden, nochmals etwas köcheln lassen.
Evtl. nachschmecken, das Kraut sollte eine ausgewogene Säure haben und nicht zu stark gebunden oder zu cremig sein.

Balsamicolinsen

Zutaten

300 g	gekochte Linsen (grüne Puylinsen, Belugalinsen oder umbrische Berglinsen, keine Tellerlinsen, rote oder gelbe Linsen; die Menge entspricht ca. 80 g rohen Linsen)
	Suppengemüse
2 EL	feines Öl
30 g	fein gewürfelter Bacon
1	fein gewürfelte Schalotte, etwas Thymian
$^{1}/_{4}$ l	brauner Kalbs- oder Geflügelfond oder Gemüsebrühe, die leicht gebunden sein kann
je 2 EL	feinste blanchierte Gemüsewürfel - Möhren, Sellerie, Lauch, Kohlrabi
	etwas frisch gehackte Petersilie und Schnittlauch
	nach Geschmack milder Balsamicoessig und Honig
	Pfeffer und Salz

Zubereitung

Die rohen Linsen ohne Einweichen ca. 20 Min. in einem Sud mit etwas Suppengemüse, einem Spritzer Essig und 1 Prise Salz leicht kernig kochen.
Die Baconwürfel im Öl anbraten (für Vegetarier kann der Bacon auch entfallen). Die Schalottenwürfel dazugeben, mit anschwitzen, den Fond, den Honig, den Balsamicoessig, Pfeffer, Salz, etwas abgezupften Thymian dazugeben. Alles aufkochen und dann die gekochten Linsen hineingeben. Mit frischer Petersilie und Schnittlauch und den Gemüsewürfeln verfeinern, abschmecken. Das Linsengericht sollte ein harmonisches Säure-Süße-Verhältnis haben.

Dieses Linsengericht kann mit Fischfilets wie Schollenfilet, Kabeljaufilet, Goldbarsch etc., aber auch mit kleinen Kalbsschnitzeln, Schweinefiletmedaillons oder Poulardenschnitzeln serviert werden.

Selleriepüree

Zubereitung

Knollensellerie schälen, in walnussgroße Stücke schneiden, sofort in kochendes Wasser mit etwas Salz und Zitronensaft geben, weich kochen.
Aus dem Wasser nehmen, ein Stück Butter und etwas geriebenen Muskat zugeben, mit dem Pürierstab gut durchmixen, durch das Passiersieb streichen, evtl. nachschmecken.
Nach Geschmack kann man einige ge-dünstete Apfelstückchen unterheben. Das Püree darf nicht zu flüssig sein.

Eignet sich als Beilage zu Wild und dunklem Geflügel (Ente, Taube, Gans).

Karottenflan

Zutaten

500 g	Karotten
50 g	Butter
	Brühe
8	Eigelb
	Salz, Zucker, Zitronensaft

Zubereitung

Geschälte, klein geschnittene Karotten mit etwas Zucker, Zitronensaft, 1 Prise Salz und Butter in wenig Brühe im geschlossenen Topf weich kochen, durch ein Sieb streichen.
Mit den Eigelben vermischen, mit Salz würzen und in gefettete Förmchen füllen. Förmchen in ein heisses Wasserbad stellen, sodass sie halb im Wasser stehen. In den mit 180 °C vorgeheizten Backofen auf unterer Ebene in ca. 20 Minuten garen.

Kartoffel-Apfel-Pfannkuchen

für 4 Personen

Zutaten

80 g	Kartoffeln
20 g	gesiebtes Mehl
2	Eier
250 g	Milch
	etwas Salz, Pfeffer und Muskat
2	Äpfel (Granny Smith), in Scheiben geschnitten

Zubereitung

Kartoffeln schälen, kochen und fein zerdrücken, mit Mehl, Eiern und Milch verrühren, den Teig mit Salz, Pfeffer und Muskat würzen.
Äpfel in Scheiben schneiden, in Butter goldgelb anbraten.
Eine kleine Pfanne mit Butter ausstreichen, etwas Kartoffelteig hineingeben. Apfelschnitze darauf verteilen, mit Kartoffelteig bedecken, langsam braten und wenden.

Blini

Zutaten

125 g	Weizenmehl
125 g	Buchweizenmehl
12 g	frische Hefe
1	Ei
1	Prise Salz
½ TL	Zucker
⅛ l	warme Milch
2	Eiweiß
2	Eigelb
⅛ l	geschlagene Sahne
	Butterschmalz

Zubereitung

Weizenmehl und Hefe mit Zucker und etwas lauwarmem Wasser zu einem Vorteig verrühren, ca. 10 Min. an warmer Stelle zugedeckt gehen lassen.
Das Buchweizenmehl mit der Prise Salz und dem Ei untermischen, evtl. noch etwas lauwarmes Wasser zufügen, nochmals gehen lassen, bis zur Verdoppelung des Volumens.
Dann die lauwarme Milch unterrühren und das fest geschlagene Eiweiß. Die geschlagene Sahne mit den 2 Eigelben vermischen und ebenfalls unter den Bliniteig heben.
Evtl. mit etwas Milch verdünnen, der Teig soll fließen können, aber nicht zu dünn sein.
Butterschmalz in einer Pfanne erhitzen, Bliniteig dünn einfließen lassen, wie beim Crêpebacken, von beiden Seiten schön braun ausbacken, mit Butter bestreichen.

Notizen:

Restaurant Hinterding
Bahnhofstraße 72
49525 Lengerich
Tel. 0 54 81 - 9 42 40
Fax. 0 54 81 - 94 24 21
hinterding-hotel-restaurant@osnanet.de
www.marktplatz-lengerich.de

Idee und Konzept: Wolfgang Lassalle, Osnabrück
Fotos und Layout: Burckhard Kieselbach, Bramsche
Redaktion: Carmen Söntgerath, Wuppertal
Druck: Rasch Druckerei und Verlag, Bramsche

ISBN 978-3-89946-098-8